# DEGRAU
# QUEBRADO

Copyright © 2023
por Elisa Rosenthal.

Todos os direitos desta publicação reservados à Maquinaria Sankto Editora e Distribuidora LTDA. Este livro segue o Novo Acordo Ortográfico de 1990.

É vedada a reprodução total ou parcial desta obra sem a prévia autorização, salvo como referência de pesquisa ou citação acompanhada da respectiva indicação. A violação dos direitos autorais é crime estabelecido na Lei n.9.610/98 e punido pelo artigo 194 do Código Penal.

Este texto é de responsabilidade das autoras e não reflete necessariamente a opinião da Maquinaria Sankto Editora e Distribuidora LTDA.

**Diretor Executivo**
Guther Faggion

**Diretor de Operações**
Jardel Nascimento

**Diretor Financeiro**
Nilson Roberto da Silva

**Publisher**
Renata Sturm

**Edição**
JS Editorial

**Copidesque**
Gabriela Castro

**Revisão**
JS Editorial

**Direção de Arte**
Rafael Bersi, Matheus da Costa

---

DADOS INTERNACIONAIS DE CATALOGAÇÃO NA PUBLICAÇÃO (CIP)
ANGÉLICA ILACQUA – CRB-8/7057

ROSENTHAL, Elisa
  Degrau quebrado : a jornada da autoliderança para mulheres em ascensão / Elisa Rosenthal
  São Paulo : Maquinaria Sankto Editora e Distribuidora Ltda, 2023.
  208 p.

  ISBN 978-65-88370-89-6

  1. Liderança 2. Liderança em mulheres 3. Desenvolvimento profissional I. Título
  23-0570                                   CDD 658.4092082

ÍNDICES PARA CATÁLOGO SISTEMÁTICO:
  1. Liderança em mulheres

Rua Pedro de Toledo, 129 - Sala 104
Vila Clementino - São Paulo - SP, CEP: 04039-030
www.mqnr.com.br

Elisa Rosenthal

# DEGRAU QUEBRADO

A jornada da autoliderança
para mulheres em ascensão

mqnr

*Dedico este livro a todas as mulheres que,
mesmo sabendo das dificuldades e adversidades,
não desistem de seus objetivos.*

*"Coragem não é a ausência de medo,
mas a ousadia de enfrentá-lo."*

AUTORIA DESCONHECIDA

# SUMÁRIO

| | |
|---|---|
| PREFÁCIOS | 8 |
| APRESENTAÇÃO | 24 |

**PARTE UM**
SENSO DE INDEPENDÊNCIA — 32

**PARTE DOIS**
DEGRAUS, OBSTÁCULOS E BARREIRAS — 66

**PARTE TRÊS**
REPRESENTATIVIDADE, COMPETÊNCIA E MERITOCRACIA — 104

**PARTE QUATRO**
LUCRO, INOVAÇÃO E PRODUTIVIDADE — 126

**PARTE CINCO**
IDENTIDADE DE LIDERANÇA
(COMO MANIFESTO MINHA LIDERANÇA) — 148

**PARTE SEIS**
COMO E POR ONDE COMEÇAR? — 170

**PARTE SETE**
MENSAGEM FINAL — 188

| | |
|---|---|
| APÊNDICE | 194 |
| AGRADECIMENTOS | 206 |

# PREFÁCIOS

Receber um convite para escrever o prefácio de um livro é uma responsabilidade muito grande, mas receber isso diretamente da Elisa é algo surreal e extremamente gratificante. Quando eu a conheci, tivemos um *fit* imediato e imediatamente passei a admirar seu profissionalismo, sua postura e, principalmente, sua enraizada vontade de ajudar as pessoas, mas também pela importância dela no mercado imobiliário, sendo a líder e referência em um setor onde grande parte ainda é composto por homens.

Elisa é uma pessoa determinada, aguerrida e que dedica sua vida profissional e pessoal a ajudar outras mulheres a conquistarem seu espaço, e isso faz com que qualquer pessoa se conecte muito facilmente com ela. Tive a honra de ter o prefácio do meu livro escrito por ela, uma das mais importantes *personas* que conheci nessa área, e poder de alguma forma retribuir simplesmente me deixou muito feliz.

Entrar em qualquer área e ter destaque profissional é um desafio para qualquer pessoa, mas algumas áreas acabam sendo muito mais complexas para as mulheres. Mas Elisa desafiou essa lógica e derrubou algumas barreiras. E um exemplo disso foi a criação do SOMA, um evento exclusivo para mulheres no ramo imobiliário e que trouxe, com exclusividade para o Brasil, um novo olhar para profissionais que buscam crescimento profissional num mercado estritamente competitivo.

O mercado imobiliário é uma área onde as mulheres começaram a ganhar espaço há pouco tempo, e quase nunca se ouvia falar de lideranças tão importantes nesse mercado, mas isso está mudando. E foi quando comecei nesse ramo que tive a oportunidade de conhecer a Elisa. Naquela época, eram raríssimas as profissionais realmente reconhecidas e valorizadas, e, para chegar ao topo, liderar e ser reconhecida é necessário determinação, foco, planos de ações e objetivos claros.

Elisa aborda exatamente essa construção, que por muitas vezes terá desafios e dificuldades, mas a autora consegue, de uma forma retórica e com simplicidade, expressar seu amplo conhecimento e suas experiências para ajudar outras mulheres a resolver cada situação.

Nesta incrível obra sobre liderança, Elisa direciona alguns aspectos para as mulheres, resgatando pontos importantes com muita empatia e conectada à verdadeira realidade da mulher que está em ascensão profissional; eu mesma, por vezes, pude me reconhecer nas histórias, e não apenas eu, mas também centenas de outras mulheres competentes, determinadas e que buscam o seu lugar nesse mercado tão acirrado, e isso traz não apenas motivação, mas mostra que é possível ascender na carreira.

*Degrau quebrado* é uma das obras que tive o prazer de ler, e posso afirmar que, além de vivências e conexões profundas, trazendo à tona valores e princípios de liderança que todo mundo deveria conhecer e colocar em prática, este livro deve estar na cabeceira de toda pessoa que busca crescimento profissional, indiferente a área de atuação, pois se trata de uma obra completa para todo profissional que busca um cargo de liderança. Em resumo, este é um verdadeiro guia que apresenta experiências e vivências já validadas e que transformaram pessoas normais em referências nacionais de liderança.

Meu conselho é que leia este livro de duas maneiras: primeiramente, absorvendo todos os conteúdos e marcando os pontos importantes; em seguida, leia com um lápis e registre situações vividas e como superar, usando como base a experiência de quem já viveu as mesmas situações, mas trazendo de forma prática esses ensinamentos.

**SOPHIA MARTINS**

*CEO da Mitre Vendas; corretora de imóveis, perita avalista federal. Certificada CIPS, uma das mais importantes certificações internacionais National Association of Realtors® (NAR) dos Estados Unidos, tem uma carreira focada em desenvolver e capacitar pessoas utilizando os conceitos do mercado de luxo, empregados a todo e qualquer segmento do mercado imobiliário.*

A minha mãe era costureira e viajava pelo Brasil trabalhando com projetos sociais. Ela se educou pelo Educação de Jovens e Adultos (EJA), o programa do Governo Federal que ajuda pessoas adultas a terem o acesso à educação que elas não tiveram na infância e na adolescência. Minha mãe também criou centros de referência de combate à violência doméstica e foi a primeira diretora do carnaval de São Paulo. Tudo isso, enquanto ainda educava sozinha três filhas mulheres que, hoje, estão todas bem direcionadas na vida.

Eu conto a história da minha mãe porque não acredito que possamos falar em liderança e autoliderança sem olhar para quem veio antes de nós, porque muito do que somos está atrelado às nossas conquistas; mas também recebemos muita coisa pronta.

Hoje, sou especialista em Diversidade e Inclusão, mestre em Diversidade, empreendedora, criei a minha própria consultoria de carreira, sou Master Coach, escritora, palestrante, Top Voice LinkedIn, entre muitas outras coisas. Mas não posso me esquecer de que a minha mãe me entregou muito aprendizado, os quais nenhuma empresa ou experiência acadêmica jamais ousou me entregar.

Não me entenda mal: eu não menosprezo a academia ou o corporativo, até porque eu sou desses mundos, mas eles não podem ser o ponto de partida quando falamos sobre liderança. A minha mãe não precisou estudar em faculdades de elite para ser uma líder, para atingir milhões de pessoas: ela precisou acreditar que era uma potência e colocar isso em prática. O caminho para entendermos as nossas potências e aprender a administrá-las para liderar é o da autoliderança, tema este que Elisa Rosenthal aborda de forma magistral neste livro.

No caso da minha mãe, todo esse processo veio do medo: ela criou a sua potência quando se separou do meu pai, após sofrer violência doméstica. Mas não precisa ser sempre assim, pois também somos capazes de descobrir as nossas potências e nos autoliderar a partir de experiências positivas. No entanto, caso você esteja em um momento de dor, esse pode ser um lembrete bastante útil.

O importante desse processo é que, no caminho para combater as desigualdades do mercado brasileiro (e, acredite, são muitas!), conquistar os nossos espaços e termos motivos de sobra para resistir, vamos precisar, primeiro, aprender a nos autoliderar.

É escurecido que os desafios externos são enormes: nós, mulheres, somos 52% da população brasileira, e nós, mulheres negras, somos 28%. Mas as mulheres, em geral, ainda ganham 78% do que ganham os homens brancos e, quando somos mulheres negras, ganhamos R$ 36,00 a cada R$ 100,00 do salário deles.

Também estamos longe dos cargos de liderança: as mulheres são 3,5% das CEOS (BR Rating) no Brasil. Quando fazemos o recorte para as mulheres negras, a situação é ainda pior: somos apenas 0,4% do quadro executivo das organizações brasileiras (Instituto Ethos).

Por todos esses motivos, é ainda mais importante que tenhamos consciência das nossas capacidades e potencialidades, bem como autoconhecimento, e dominemos a arte da autoliderança, porque os obstáculos vão aparecer. E eles vão tentar fazer com que duvidemos de nós mesmas o tempo inteiro.

Nesse sentido, este livro se torna ainda mais esclarecedor, uma vez que, ao analisar as carreiras das mulheres e os nossos principais desafios, Elisa nos ensina a entender que as habilidades de que precisamos para nos autoliderar e para liderar outras pessoas muitas vezes já existem em nós mesmas. Só nos falta encará-las com mais zelo – e ela nos dá um passo a passo para fazer isso.

Quantas vezes você já parou para pensar sobre a sua carreira? Quantas vezes você já se permitiu entender as suas potencialidades? Quantas vezes você conseguiu parar todo o caos que acontece no mundo exterior para prestar atenção em você? Esse é o convite que a Elisa te faz agora e que eu endosso.

Com toda a sua experiência em liderança e no mercado imobiliário, ela fala de situações que são comuns às mulheres, ainda que sejamos tão diversas em todas as nossas pluralidades e interseccionalidades. É bem provável que você vá se identificar mesmo que não seja do setor imobiliário, mesmo que não tenha um cargo de liderança na empresa e mesmo que você sequer acredite que a equidade de gênero seja um problema.

Logo no início do livro, Elisa nos conta da sua própria descoberta sobre as questões de gênero e da importância da liderança feminina para a sua carreira. Ao contrário do que muitos podem pensar, nós não nascemos mestres em diversidade e inclusão; o despertar vem com o tempo e com a vivência. Então, a leitura deste livro também pode ser a sua nova oportunidade de se abrir para o tema. Desejo a você uma ótima leitura e que você descubra, cada vez mais, como se autoliderar.

**ANA MINUTO**

*CEO da Minuto Consultoria Empresarial & Carreira, especialista em diversidade e inclusão, master coach, Top Voice LinkedIn e Creators Cocriadora do Potencias Negras, a maior iniciativa de empregabilidade focado na população negra do Brasil, que já atingiu mais 5 milhões de pessoas em 20 países diferentes em mais de mil cidades pelo mundo.*

O degrau quebrado chega na carreira profissional de toda mulher – isso é uma grande verdade. Em minha carreira, com certeza, já passei por alguns. Mas a experiência também me mostrou que é possível superar esses obstáculos, e o mais valioso recurso para isso a capa da obra de Elisa já traz, quando olhamos para a palavra autoliderança – com o prefixo de origem grega auto, que significa "a si próprio, a si mesmo". O que quero dizer é que, independentemente do histórico, das referências e do conhecimento, nada substituirá a verdade que é única dentro de cada uma de nós.

Neste prefácio, optei por contar um pouco da minha história. Não porque ela deva ser a referência incontestável para quem a lê, mas porque tenho nas minhas mãos a oportunidade de ilustrar e endossar o propósito do livro por meio de uma história real – de uma mulher real, com erros e acertos diários, em constante processo de aprendizagem e evolução, graças à tal autoliderança.

Desde muito nova, eu me imaginava em um lugar de liderança e, aos 13 anos de idade, comecei a trabalhar, pois tinha em mente que queria conquistar a minha independência. Quando jovem, também era muito idealizadora. Além de dar aula de inglês e fazer traduções, queria mudar o mundo. Fazia voluntariado e ia a lugares públicos, como o centro da cidade, em busca de compartilhar conhecimento, fosse de educação, saúde pública ou qualquer outro assunto. Meu desejo era de alguma forma ajudar outras pessoas com prestação de serviço.

Já o meu primeiro trabalho oficial foi em uma imobiliária, em que eu fazia de tudo, desde servir cafezinho até vender, de fato, imóveis. Posteriormente, atuei na empresa júnior da universidade. Essas experiências foram fundamentais para abrir a minha cabeça e trouxeram aprendizados para além da escola. Eu tinha em mente que teria de me formar muito bem para alcançar os objetivos que me motivavam, por isso fiz Engenharia Industrial, na Universidade de São Paulo (USP) e Direito na Pontifícia Universidade Católica (PUC), mas as atuações práticas foram essenciais para agregar a meus conhecimentos habilidades e visão de mundo.

Bom, minha carreira foi acontecendo, e entrei na empresa em que estou há 27 anos. Confesso que, no início, imaginava ficar em torno de dois anos, afinal, não entendia nada de marketing, tampouco conhecia em detalhes a companhia. O que não sabia é que eu poderia crescer junto com a corporação, o que de fato aconteceu. Acabei atingindo objetivos mais altos do que os originais, com muito trabalho, esforço e muita abertura a possibilidades.

Vieram diferentes áreas, planos, crescimento e desenvolvimento. Até que, um dia, chegou uma sonhada proposta para a vice-presidência, só que para uma posição fora do Brasil. Quando que eu, que sonhei com isso praticamente a vida inteira, imaginaria que recusaria a oferta?! Pois foi isso que aconteceu: por questões pessoais na época, recusei, e, por muitas vezes, questionei-me, sim, se tinha tomado a decisão certa. Entretanto, esse "problema" se transformou em uma oportunidade. Foi nesse momento que assumi a área de Vendas, uma experiência muito valiosa, que hoje tenho certeza de que contribuiu para me fazer uma profissional mais completa – talvez mais até do que se tivesse assumido a Vice-Presidência naquele momento.

Esse episódio me mostrou como a curiosidade nos torna propensas a explorarmos novos caminhos e resoluções de problemas, que nos fazem encontrar soluções diferentes e enriquecedoras. A mentalidade curiosa é oxigênio para mim. Precisamos deixar essa capacidade nos guiar e ir além, mas sempre com a dose certa de disciplina e foco. Esses elementos agregados catalisam porque, com disciplina, criamos os espaços certos para divergir e depois nos concentrarmos para impulsionar a ação.

Também considero muito importante estarmos abertas para o que a vida nos traz – afinal, não temos o controle de tudo –, porém, sem abandonar nossos objetivos principais. Em outras palavras, é preciso flexibilidade ao longo do caminho, mas que o ponto final da estrada esteja claro.

Cada uma de nós terá seu próprio roteiro, uma vez que não existe fórmula perfeita, mas sim pessoa dispostas a explorar, abrir caminhos, serem pioneiras e criarem jornadas únicas e especiais. Elisa, ao trazer a provocação da autoliderança em seu livro, mostra-nos que esse é o caminho contínuo para o real protagonismo das mulheres em suas vidas. A obra da autora, além de necessária, corrobora a revolução de universos femininos particulares. Sinto-me honrada por fazer parte dessa herança que busca fortalecer as mulheres para superarem seus degraus quebrados.

**JULIANA AZEVEDO**

*Presidente da P&G na America Latina , Presidente do Conselho da* UNICEF, *Membro do Conselho de Administração Mundial da United Way.*

É um prazer e uma honra contribuir com esta obra, que fala de um tema que considero dos mais importantes para a ascensão das mulheres em sua jornada profissional: a autoliderança, algo que também é muito especial pra mim, porque, depois de conquistar tudo que almejei para a minha vida e chegar ao topo da minha montanha, decidi descer do outro lado e ajudar mais e mais mulheres a chegarem ao topo que elas almejam.

Desde então, trabalho incansavelmente por esse propósito, estando à frente do Instituto que leva o nome da minha família, o Instituto Vasselo Goldoni (IVG). Responsável por promover ações, projetos e eventos em prol do protagonismo feminino. Acredito que podemos, todos juntos, homens e mulheres, vencermos todas as barreiras e os preconceitos que impedem as mulheres de conquistar sua liberdade e plenitude.

Por isso, fico muito feliz em encontrar pessoas com a mesma vontade, dedicação e determinação com essa causa, como a Elisa Rosenthal, por quem tenho grande apreço e admiração como mulher e liderança feminina no setor imobiliário. Costumo dizer que, para alcançar os nossos objetivos e sonhos, além de identificar e desenvolver algumas habilidades, precisamos, acima de tudo, criar o hábito de praticá-las diariamente, pois só assim conseguimos sair da teoria rumo à realização, o que nos permitirá progredir e assumir o protagonismo da nossa história.

Para mim, exercer a autoliderança é assumir esse protagonismo tendo a clareza sobre onde se quer chegar; é seguir uma rota determinada sem se deixar levar por distrações e empecilhos.

Quando você é líder de si, não transfere o seu desenvolvimento nem seu crescimento a ninguém. Em vez disso, assume completamente a responsabilidade pela gestão da sua carreira, traça metas, objetivos e trabalha arduamente para conquistá-los. Não, não é fácil e fica ainda mais desafiador quando se trata de liderar a si mesma, mas o crescimento pressupõe aprendizado e desenvolvimento, e tudo começa conosco.

É preciso olhar para dentro e identificar potenciais e fragilidades, e, com a certeza de quem somos e do que precisamos desenvolver, conseguimos traçar um plano e conduzir a nossa jornada rumo à liderança e às conquistas que sonhamos realizar. Neste contexto, quero aproveitar e trazer uma citação de Peter Drucker: "Vivemos em uma era de oportunidades sem precedentes: se você tem ambição, garra e inteligência, consegue chegar ao topo da profissão que escolher – não importa onde começou. Mas com a oportunidade vem a responsabilidade".

Vejam que se tomamos a responsabilidade por nosso sucesso e desenvolvermos as habilidades necessárias para o alcançar, e nada nos impedirá de chegar aonde quisermos. Criaremos oportunidades e ultrapassaremos todas as barreiras, mas temos de sentar na cadeira de CEO da nossa vida.

Tenho certeza de que este livro de Elisa Rosenthal é uma ferramenta poderosa que vai ajudar muitas mulheres a se tornarem líderes de sucesso. E ninguém melhor que ela, que já é um exemplo de liderança feminina, estando à frente como diretora do Instituto Mulheres do Imobiliário e sendo reconhecida como "A Voz Feminina" do setor, para apoiar e incentivar outras mulheres da área a conquistarem cada vez mais espaço e cargos de alto nível.

E com essa corrente de sororidade, que se fortalece a cada dia, vamos contribuir para uma sociedade mais justa e igualitária, na qual a equidade de gênero deixará de ser um desejo pra se tornar uma realidade muito em breve.

Agradeço a Elisa pelo convite e pela oportunidade de fazer parte dessa história tão rica e inspiradora. E desejo que você, conquiste tudo o que sempre sonhou, seja protagonista da sua história e colha todos os frutos dessa linda jornada.

**EDNA VASSELO GOLDONI**

*Presidente e Fundadora do IVG, Empreendedora Social, HR Influencer 2021 - 1º lugar Brasil, CEO da VG Desenv. Humano, Idealizadora do Mentoria para Mulheres e Semeando Pérolas.*

# APRESENTAÇÃO

## VALE DAS ROSAS

Quando escrevi meu primeiro livro, *Proprietárias: a ascensão da liderança feminina no setor imobiliário*, o nome que adotei para assiná-lo como autora foi Elisa Tawil. Aliás, esse foi o nome que me acompanhou por muitos anos. Ele esteve presente comigo em diversos momentos pessoais e profissionais. Tawil é o sobrenome que compartilho com meus filhos e um dos diversos nomes que me trouxe até aqui. No entanto, ele não é o único e nem o que representa as minhas raízes.

Nasci Elisa Rosenthal e, após o divórcio dos meus pais, minha mãe decidiu incluir o sobrenome dela ao meu. Então, aos 12 anos, passei a ser Elisa Wrona Rosenthal. Em 2021, quando eu mesma precisei enfrentar um divórcio e as implicações da decisão de mudanças de nome, percebi que essa pauta é um grande tabu dentro do universo feminino.

Existe (ainda) no inconsciente coletivo a crença de que, quando uma mulher se casa, ela deve assumir o sobrenome do marido e ponto-final. Estamos todos cientes dos encadeamentos legais e burocráticos que essa decisão acarreta, mas pouco se fala sobre os impactos dessa decisão em nossa identidade pessoal. Ainda que legalmente eu pudesse manter meu nome como estava, a decisão de não o usar mais foi (e tem sido) um processo reflexivo muito interessante.

Falar sobre liderança feminina é falar também sobre assumir a própria persona. No meu primeiro livro, abordei a relação entre matrimônio e patrimônio, e como a mulher precisou desconstruir esses conceitos para finalmente chegar à figura de proprietária. E acredito que não seria possível que eu falasse sobre liderança feminina sem antes questionar essa imposição social, religiosa e cultural que existe em todo o mundo.

Talvez esse conflito não tenha acontecido até então – e com maior intensidade – porque as mulheres ainda não estavam em papéis de liderança, mas, à medida que esse movimento ganha peso e as mulheres passam a ocupar espaços e ter maior representatividade na sociedade e nas empresas, os dilemas começam a surgir.

Por mais que a lei permita que as mulheres mantenham o nome de casadas para evitar problemas legais e burocráticos, será que ter mudado nosso nome lá trás, ou seja, deixar para trás nossa *persona* original, não é uma questão ligada à falta de liderança? Uma liderança individual? Esse resgate antropológico e de raiz cultural é o que tenho visto algumas mulheres assumirem, e é sobre o ponto de vista da nossa identidade que quero falar sobre liderar.

Uma amiga que também passou por um divórcio compartilhou comigo que chegou a conversar com o ex-marido sobre manter o sobrenome dele e que ele havia "deixado". No entanto, com o passar do tempo, ela não estava confortável com essa decisão, pois sentia a necessidade de buscar as próprias raízes genealógicas. Comigo, o processo foi o mesmo. Por mais que eu tenha recebido a autorização legal para manter o sobrenome, sinto que ele não tem mais ligação com a construção da minha história atual, do que eu vivo hoje.

No judaísmo, minha religião e da minha família, falamos muito sobre *"ledor vador"*, ou seja, "de geração em geração". Quando resolvi me aprofundar nas minhas raízes, percebi que existe uma carga muito grande das influências que trazemos de nossas histórias pessoais.

Meus pais se divorciaram nos anos 1980, o que me fez ser uma das únicas crianças na escola com uma família nessa condição. Na ocasião, tanto eu quanto minhas irmãs tínhamos apenas o sobrenome do meu pai, Rosenthal. Nossa tradição marca a transição da infância à maturidade das meninas aos doze anos com a celebração do *bat-mitzvá*, e foi nessa ocasião que minha mãe apresentou a nós a opção de incluir o seu sobrenome ao nosso nome, o Wrona, que minha irmã mais velha e eu optamos por incluir. Quando me casei, por conta dessa adição feita tardiamente, escolhi adotar o sobrenome adicional para evitar conflitos entre a escolha dos sobrenomes dos meus pais. E fiz o mesmo quando decidi manter um único sobrenome para os meus filhos. Pensei que seria mais fácil para eles ter apenas um sobrenome; além disso, novamente, não teria que escolher entre meu pai e minha mãe. Hoje, não faz mais sentido que a minha persona mantenha esse nome. Daí a minha escolha de resgatar meu nome de nascimento.

Rosenthal significa "Vale das Rosas", e gosto de perceber a simbologia nisso tudo. O dicionário define os vales como regiões aprofundadas ou depressões alongadas, e sinto que é justamente neste momento que preciso florescer deste vale profundo. Foi a partir desse resgate de raízes que entendi que, para falar sobre liderança feminina, antes é preciso falar sobre como estamos exercendo a nossa liderança individual. E isso inclui entender a identidade que você assume, o nome que você carrega e a história que você escreve.

Depois de decidir voltar às raízes, havia um segundo dilema que relutei a enfrentar: usar o nome do meu pai ou da minha mãe? Decidi conhecer as histórias da minha própria família e buscar referências de como as tradições impactaram na escolha dos nomes e o que eles representaram. Minha avó paterna foi uma mulher que perdeu o marido prematuramente e, saindo do interior de São Paulo, precisou trabalhar para sustentar os quatro filhos. Empreendedora por necessidade, ela precisou desbravar uma série de questões – que trago aqui no livro – para conseguir se aventurar na cidade grande e construir a própria independência. Ela quebrou as barreiras do matrimônio e se assumiu proprietária. Primeiro foi líder de si para depois liderar a família. Isso me ensina que ser quem você é impacta no seu exercício de liderança.

Fui a primeira paulista a ser certificada pelo curso de Liderança Avançada para Mulheres pela Shakti Fellowship, e meu processo de descoberta de identidade vai ao encontro de tudo o que a liderança Shakti expressa e em que eu acredito. O modelo de liderança Shakti diz que o líder que você é, é a pessoa que você é; em outras palavras, a pessoa que você é reflete na liderança que você exerce. Nesse sentido, buscar a liderança individual é, entre outras coisas, não negar culturas e tradições, mas, ainda assim, refletir sobre as necessidades que surgem com a evolução da sociedade.

Chegar até este lugar, onde o tema que combina a pauta da liderança com as especificidades do feminino, não foi um caminho óbvio, muito menos planejado – pelo menos, até o início dele.

Como muitas mulheres empreendedoras, o que me fez sair da trilha convencional de uma carreira corporativa foi justamente a maternidade, e irei me aprofundar sobre ela neste livro. Fato é que muitas de nós chegamos a determinada fase de nossas carreiras em que é preciso superar o degrau quebrado – um momento de obstáculos que impedem o crescimento profissional. E os motivos para que esse degrau seja difícil de superar são diversos, desde a maternidade (como aconteceu comigo) até a falta do debate sobre equidade de gênero, a jornada múltipla de trabalho ou a economia do cuidado.

Quando falamos em mulheres em posição de liderança, estamos falando de lideranças mais perceptivas. A presença feminina é um convite para pensarmos como estamos nos relacionando. Resgatar a nossa própria história, origens e raízes é um caminho para identificar a nossa persona feminina, que irá exercer essa liderança capaz de nos fazer ultrapassar qualquer degrau.

Neste livro, quero mostrar a você os caminhos para desenvolver a sua liderança individual, porque acredito que é a partir dela que teremos maior clareza sobre o planejamento de carreira, o desenvolvimento e o exercício da nossa liderança feminina.

PARTE UM

# SENSO DE INDEPENDÊNCIA

Desde pequena, sempre tive um senso de independência muito grande. Às vezes, penso que isso tem a ver com o fato de ser a filha do meio, como se os filhos que não são nem o primeiro nem o caçula tivessem uma necessidade nata de se virarem sozinhos. Por isso – e por ser sagitariana, claro –, nasci com essa vontade exploradora, esse desejo de ser autossuficiente. Além disso, meus pais se separaram quando eu tinha de seis para sete anos, e minha mãe trabalhava bastante, estava sempre ocupada.

Minhas irmãs e eu temos personalidades bem diferentes. Elas sempre exigiram muita atenção dos meus pais e, de certa forma, eu não queria dar mais preocupações para eles; sendo assim, levei a vida com o lema: "Não se preocupem comigo que eu me viro bem sozinha". Desde cedo, eu tinha um senso muito grande de que existiam problemas bem maiores que os meus acontecendo ao redor.

Na minha casa, nunca faltou nada, mas sempre ouvi meus pais reclamarem bastante de dinheiro. Então, desde muito cedo, percebi que ter uma independência financeira era um valor importante para mim e queria sair da casa dos meus pais só quando sentisse que conseguiria me virar sozinha sem depender do dinheiro deles. Comecei então a trabalhar nas férias de verão como vendedora de lojas de roupas. Passei um bom tempo distribuindo currículos e consegui meu primeiro emprego em um shopping na Zona Oeste de São Paulo, em uma loja chamada *Chocolate*, com um tíquete médio bem caro para a época. Lembro que, às vezes, era impossível conseguir vaga para estacionar o carro, mas como eu era super responsável e não queria me atrasar, gastava no estacionamento quase tudo o que tinha ganhado no dia.

Esse trabalho era temporário, e uma cliente que visitava com frequência a loja e gostava de ser atendida por mim acabou me convidando para ir trabalhar no negócio dela. Aceitei e aprendi bastante por lá. Em um dos treinamentos, inclusive, houve uma aula sobre como se posicionar e falar de forma a passar credibilidade ao cliente. Na época, a treinadora usou como exemplo a forma de caminhar na passarela da ex-modelo Gisele Bündchen, mostrando a sua confiança a cada passo dado. Esse emprego não durou muito, pois cursava Arquitetura e Urbanismo na Universidade Presbiteriana Mackenzie e pedi demissão para focar nos meus estudos.

Porém, eu não tinha desistido da minha independência financeira. Comecei então a trabalhar em outra loja de roupas chamada Lita Mortari, que era uma loja bem chique – e foi onde recebi meus primeiros treinamentos de vendas. Foi lá que, pela primeira vez, fui apresentada ao CRM (*Customer Relationship Management*), ainda naqueles computadores antigos e enormes, bem rudimentares.

O que eu percebo hoje é que, enquanto outras vendedoras muitas vezes ignoravam os treinamentos, eu aproveitava tudo o que podia. Enquanto não era minha vez de vender, ficava no estoque, aprendendo a mexer no CRM, analisando os históricos das clientes e os tipos de peças que elas compravam. Assim, quando voltassem, eu saberia como oferecer roupas já parecidas com os gostos delas. Isso me levou a vender cada vez mais e a bater meta atrás de meta. Fazia vendas em consignação e levava as roupas para o escritório das clientes – mulheres em cargos altos e que não tinham muito tempo disponível –, e elas provavam as roupas e decidiam depois se ficariam com as peças ou não. Somente após mais algumas outras experiências como vendedora foi que comecei a estagiar na área de arquitetura, mas aquela época me ensinou muito não apenas sobre tecidos e coleções, mas principalmente sobre técnicas de venda.

Aquele pensamento de "não dar trabalho para ninguém" era algo constante para mim, e eu realmente queria encontrar uma maneira de me virar sozinha sem me tornar uma preocupação. Ter a consciência dos problemas que enfrentávamos em casa enquanto família me fez colocar muitas coisas em perspectiva. Essa ideia de que existem problemas maiores que os meus impacta minha vida até hoje, e não é à toa que me dedico tanto à causa das mulheres no mercado imobiliário.

Por muitos anos, a pauta da liderança feminina não foi um tema presente na minha vida; pelo contrário, eu era do tipo que dizia: "Eu me identifico com coisas de homem, gosto de futebol". Um pensamento bem antiquado, não? Foi só com a maternidade que passei a olhar para minha própria história de outro ângulo. Não é sobre querer ser algo que não somos, é sobre entender melhor quem somos, qual é o nosso papel e como é o cenário no qual estamos inseridas.

Até pouco tempo atrás, eu não tinha uma consciência clara de quanto desenvolvi minha liderança individual para chegar aonde cheguei. Compartilho um pouco da minha história com você porque hoje, quando faço trabalhos de mentoria, sempre ressalto a importância desse senso de independência antes de qualquer passo.

Você já parou para refletir sobre sua própria trajetória? Assim como o nosso sobrenome, que carrega uma ancestralidade com tradições familiares, a nossa trajetória de vida também é refletida na construção da nossa carreira, mesmo que de forma inconsciente e – a princípio – desconexa.

A independência está intimamente ligada à liderança, e não é por acaso que muitas CEOs e mulheres em cargos de alta responsabilidade se sentem, por vezes, sozinhas.

Sendo assim, para que possamos identificar e superar os principais obstáculos que enfrentamos em nossa vida pessoal, familiar e profissional, é preciso desenvolver e estimular habilidades e ferramentas para lidar com tais adversidades e conseguir planejar caminhos e traçar cenários possíveis. Costumo dizer que exercitar a liderança individual é como planejar quais itens devem constar na sua mochila de viagem.

## O PESO DA MOCHILA É ALGO QUE VOCÊ PRECISA SER CAPAZ DE CARREGAR

Nunca fui uma criança que curtia esportes competitivos – para falar a verdade, eu era péssima na aula de Educação Física. Apesar disso, gostava muito de balé, dançava jazz e comecei a fazer musculação cedo, com uns doze anos, se me lembro bem. Já um pouco mais velha, com vinte e poucos anos, minha relação com a atividade física mudou bastante. Meu namorado na época era apaixonado por práticas ao ar livre, e passamos a fazer diversas atividades juntos. Começamos com *trekking*, e logo estávamos viajando dentro e fora do Brasil para praticar o esporte.

Quando saíamos para alguma trilha, sempre dividíamos as mochilas para compartilhar o peso do que carregávamos. Eram panelas, mantimentos, roupas, muita coisa para levar nas costas. Líamos e estudávamos muito sobre o assunto para nos prepararmos, porque não é uma atividade simples.

No *trekking*, você precisa estar preparada para saber lidar com mapas, bússolas, direcionamento e estudo de terrenos. Sendo arquiteta, aprender a ver a topografia dos lugares e entender qual era o melhor caminho a seguir acabou sendo muito interessante também. Uma das coisas que mais aprendi com esse esporte foi calcular o que podia carregar e o que era importante levar na mochila para se ter segurança e alimentação durante todo o período. Vale lembrar que não é possível fazer banquetes no *trekking*, então, é preciso calcular quanto você pode comer hoje para ter o que comer amanhã.

Olhando para trás, hoje eu consigo entender o grande aprendizado que essa experiência trouxe ao exercício da liderança, ou, melhor, da autoliderança, uma vez que saber quais são as nossas habilidades essenciais e quais ferramentas utilizar em situações diversas são conhecimentos necessários para nossa "mochila" da vida.

Talvez você esteja se perguntando: "aonde ela quer chegar com tudo isso"? E eu respondo: aprender a observar o ambiente também é um exercício de liderança, pois você precisa saber onde está e com quem está.

Praticar *trekking* é um processo de autoconhecimento. É um estado de percepção: você com o seu corpo, administrando o cansaço, a hidratação, o tempo de sono, os locais e os momentos de parar e acampar. Você caminha observando a paisagem, só absorvendo a realidade. Você pode até caminhar o dia inteiro ao lado de uma pessoa, mas o silêncio prevalece.

No silêncio, resgatamos pensamentos que ficam perdidos pelas distrações dos muitos ambientes que frequentamos no dia a dia, especialmente nos ambientes corporativos. E a habilidade de saber quem caminha com você, quem está ao seu lado, quem divide o peso da mochila e, principalmente, quem acompanha você em jornadas é fundamental. Outro aprendizado importante é saber como não desperdiçar energia. Minha mentora no tema é a coautora do livro *Liderança Shakti*, Nilima Bhat, que diz: "choose to fight the good fight" (escolha lutar a boa luta).

Voltando às minha experiências com *trekking*, quando fui para a Cordilheira Branca, no Peru, eu me sentia muito preparada para o roteiro que tinha planejado. Tinha intensificado a musculação, feito treinos seguidos de *spinning*, aumentado a carga no *leg press*... Preparei-me como achei necessário. No entanto, por mais que eu tivesse feito ambientação, logo no primeiro dia a variação de altitude me afetou de maneira bastante considerável, e eu me sentia pesada. À noite, assim que entrei na barraca para dormir, precisei ser honesta comigo, respeitar meus limites e falar para meu companheiro que não conseguiria fazer a trilha. Eu não imaginava que a altitude seria um ponto que me impactaria tão fortemente como impactou. Dormimos brigados, porque eu insisti que precisava desistir ou procurar outra maneira de seguir.

No dia seguinte, quando acordamos, logo na porta da nossa barraca tinha um homem que ofereceu seus serviços para carregar as bagagens durante o percurso com um burrico. Meu companheiro não queria de jeito nenhum seguir com essa opção, mas depois o convenci de que ninguém precisava saber disso, afinal, ele não queria assumir que precisávamos de ajuda! E ficamos com o burrico até o último dia.

A reflexão que quero trazer a partir dessa história é que, muitas vezes, por mais preparadas que julguemos estar, podemos ser surpreendidas com algo novo, imprevistos, elementos externos que estão alheios às nossas vontades e aos quais não estamos acostumadas. Não bastou ter força muscular, trabalhar o sistema respiratório e fazer aclimatação. O mais importante ali, naquele momento, foi saber quando pedir ajuda.

Por exemplo, o início do *Mulheres do Imobiliário* – movimento idealizado por mim que tem como missão apoiar, capacitar e promover *networking* entre as mulheres desse mercado – só foi possível por que eu, na época, pedi ajuda a outras mulheres em quem acreditava. Elas me incentivaram a dar o primeiro passo, e, por mais que não tenham continuado ativamente no projeto – que hoje é o Instituto Mulheres do Imobiliário –, aquele apoio foi importante para iniciar este caminho.

Outro exemplo de como esta atitude, que parece simples, mas pode ser muito difícil de aplicar, é o de Julie Zhuo, ex-vice--presidente de design de produto do Meta (Facebook) e, agora, cofundadora da Inspirit.

Sua ascensão de carreira foi relatada em seu livro, A *criação de um gestor: o que fazer quando todos têm os olhos postos em nós*, onde ela conta que, pelo fato de ter um diploma em ciência da computação, costumava se comparar com seus colegas que possuíam um currículo mais tradicional com formação em design.

Julie trabalhava com muita dedicação para deixar seu trabalho perfeito, sem pedir ajuda a outros designers com medo de eles pensarem que cometeram um erro ao contratá-la. Mais tarde, Julie percebeu que essa foi uma forma muito mais lenta de aprender e que, se tivesse sido mais proativa ao tentar conseguir *feedbacks* dos designers que admirava, teria conseguido suas perspectivas atuais muito antes e teria tido mais atenção individual. Você consegue perceber pela história dela e pela minha como pedir ajuda é fundamental? É muito importante não fingirmos que tudo está bem quando não está e procurarmos a ajuda e o apoio necessários.

Fomos criadas em uma sociedade que ainda exige a "perfeição" de nós: filhas perfeitas, mães perfeitas, esposas perfeitas. Quando avançamos nos ambientes dos negócios, essa carga mental e social permanece como um obstáculo, mesmo que de forma inconsciente.

Esse cenário angustiante acaba por não permitir que o erro seja uma possibilidade dentro das diversas atribuições que nós exercemos no contexto familiar, profissional e social, equilibrando diversos pratinhos simultaneamente, sem espaço para que algum deles caia.

O entendimento de liderança tem muito dessa percepção. Precisamos estar preparadas, mas também ter consciência de que existem complicações externas que fogem do nosso controle e que exigem decisões rápidas; nesse sentido, saber encontrar resoluções para situações desafiantes é saber contornar os limites que enfrentamos. Não há vergonha alguma em pedir ajuda – aliás, essa é uma virtude pouco conhecida e reconhecida entre nós.

## NECESSIDADE INDIVIDUAL *VERSUS* REFLEXO DO MERCADO

Em meu primeiro livro, *Proprietárias*, conto que a ideia do Mulheres do Imobiliário surgiu quando percebi, aguardando uma reunião de negócio em uma das maiores incorporadoras do mundo, que eu era a única mulher que restava na sala depois que a recepcionista saiu, a única mulher presente em um ambiente com quinze homens.

Aquela sensação de ser singular ficou marcada em mim e, desde então, tenho refletido cada vez mais sobre como cheguei ali. Acho importante trazer essa reflexão porque, muitas vezes, passamos por situações de desigualdade de gênero sem perceber, sem estarmos atentas ao que acontece ao nosso redor.

Hoje, percebo que, à medida que uma mulher vai crescendo na carreira, ela se sente cada vez mais sozinha em termos de representatividade. É verdade que no mercado de trabalho existem muitas mulheres, no entanto, quantas vemos presentes nas reuniões de prospecção, de liderança, de estratégia e planejamento? Tenho certeza de que, se você já se viu em um cenário como esse, já compartilhou do sentimento que tive quando a recepcionista saiu da sala.

Só parei para prestar atenção nas minhas necessidades individuais com relação ao reflexo do mercado quando enfrentei meus próprios obstáculos enquanto mulher, especialmente depois de ser mãe. Voltar da licença maternidade foi o que me fez perceber que algo havia mudado, que eu não tinha mais espaço dentro da empresa em que atuava. Eu frequentava as reuniões e tentava acompanhar os assuntos que estavam em pauta, mas parecia sempre que as pessoas não queriam que eu estivesse ali.

Ao tentar resolver a situação e conversar de maneira clara com a minha chefe sobre o que estava acontecendo, ela me deu um entendimento de que ela mesma não continuaria na empresa no ano seguinte e que eu deveria procurar outra coisa, porque não conseguiria me segurar ali. O que fiz a partir disso foi tentar uma recolocação dentro da mesma empresa – afinal, eu já tinha uma experiência de mais de 10 anos no mercado residencial e acreditava que isso poderia me auxiliar a negociar internamente.

Consegui a recolocação, mas não me sentia realizada com a área de renegociação de carteiras de recebíveis. Naquele momento, para exercer minha liderança individual, tudo o que eu podia fazer era ponderar quais eram as minhas necessidades enquanto profissional, minhas vontades, o que eu queria para a minha vida e as possibilidades que o mercado estava me oferecendo.

É importante reforçar que nossas necessidades e o que o mercado de trabalho possibilita mudam ao longo do tempo, especialmente após a maternidade. Esse é o grande desafio que muitas de nós enfrentam, especialmente por volta dos trinta anos e durante o momento de ascensão profissional, quando devemos assumir responsabilidades gerenciais com senioridade.

É essa dificuldade de ascensão que o mercado identifica como degrau quebrado – sobre o qual falaremos ao longo de todo o livro – e é onde está uma das principais lacunas a ser vencida no plano de ascensão da carreira feminina.

Ali, naquela empresa, eu vivi um dilema frequente para muitas de nós: como ter uma ascensão profissional, especialmente com filhos pequenos e em um mercado ainda pouco diverso, inclusivo e aberto ao tema da presença feminina em cargos de liderança?

Nas próximas páginas, quero ilustrar melhor o cenário atual para a mulher no mercado de trabalho, para que você seja capaz de identificar cada ponto quando se deparar com situações semelhantes.

## O CONTEXTO DAS MULHERES NO MERCADO DE TRABALHO NO BRASIL

Compreender nossas necessidades individuais é importante para aprendermos a identificar o que pode ser melhorado ou modificado por nós. No entanto, quando falamos sobre liderança, precisamos compreender também que essas necessidades andam de mãos dadas com a realidade do mercado de trabalho no país. A nossa trajetória profissional está em constante transformação, seja pelas mudanças geracionais impulsionadas pelos avanços tecnológicos e atualizações de tendências de modelos de negwócios, seja por aspectos culturais que impactam diretamente em nossa dinâmica de vida, como a decisão – cada vez mais tardia – de ter filhos ou até mesmo não os ter.

A inclusão da mulher na agenda de debates de políticas públicas e legislação trabalhista, além de ser recente, ainda precisa ser adequada para a realidade de quem, de fato, está na linha de frente lidando com as complexidades da nossa jornada múltipla e invisibilizada. E, aqui, quero trazer alguns dados para dar a você mais clareza sobre o cenário atual.

Uma projeção feita pelo Instituto de Pesquisa Econômica Aplicada (Ipea) em junho de 2019[1] apontou que a participação das mulheres no mercado de trabalho brasileiro deveria crescer mais que a dos homens até 2030. No entanto, em setembro de 2020, o instituto divulgou a triste marca da menor participação feminina no mercado de trabalho em 30 anos, ou seja, desde 1990. É triste perceber como retrocedemos quase três décadas durante esse período

Em um mundo pré-pandemia, as apostas estavam nas mudanças culturais, na conquista de direitos e em um maior investimento pelas mulheres em educação. Essa projeção apostava que, com mais anos de estudo e com a maioria no Ensino Superior, as mulheres se tornariam uma mão de obra mais qualificada que a masculina. Só que hoje, infelizmente, essa projeção está bastante diferente.

O ano de 2021 começou com uma importante sinalização: foi o ano com maior número de empreendedores na história do Brasil, que se consolidou, no ano de 2022, na sétima posição mundial, segundo o levantamento do *Global Entrepreneurship*

---

1. *Fonte:* "Participação das mulheres no mercado de trabalho é a menor em 30 anos, diz Ipea". Disponível em: <https://g1.globo.com/jornal-nacional/noticia/2020/09/07/participacao-das-mulheres-no-mercado-de-trabalho-e-a-menor-em-30-anos-diz-ipea.ghtml>. Acesso em 4 mar. 2023.

*Monitor* (GEM).[2] No entanto, esse aumento substancial de pessoas que decidiram empreender não ocorreu exatamente por vocação, mas principalmente por necessidade. Segundo o Governo Federal, foram quase 2 milhões de novos empreendedores e empreendedoras. Nesse contexto, o volume no empreendedorismo pareceu indicar um caminho possível para quem precisava inovar por necessidade.

O Sebrae e a Fundação Getúlio Vargas também mostraram que a mesma pandemia que distanciou as mulheres do mercado de trabalho impulsionou o empreendedorismo feminino, indicando que as empreendedoras demonstraram maior agilidade e competência ao implementar inovações em seus negócios durante os meses abalados pela Covid-19.

A participação feminina que, de fato, vinha em tendência de alta nas últimas três décadas caiu para apenas 46% entre abril e junho de 2020. Sim, menos da metade. Surpreendente, não?

---

2. *Fonte:* Café com o presidente". Pesquisa GEN: Aumenta o número de negócios com mais de 3,5 anos no país. **Sebrae**. Disponível em: <https://static.poder360.com.br/2022/03/sebrae-empreendedorismo-24mar2022.pdf>. Acesso em: 4 mar. 2023.

Essa queda acentuada tem reflexos importantes na saúde mental destas profissionais.[3]

O LinkedIn, a maior plataforma corporativa do mundo, ouviu 2 mil profissionais brasileiros em home office na segunda quinzena de abril de 2020 e indicou que 62% estavam mais ansiosos e estressados com o trabalho do que antes. Além disso, um estudo brasileiro realizado entre maio e junho de 2020 com homens e mulheres de várias regiões do país mostrou que um número grande de pessoas apresentou, durante a pandemia, sintomas de depressão, ansiedade e estresse.

Considerando esse contexto, outra pesquisa, realizada com 3 mil voluntários, dos quais 83% eram mulheres, casadas (50,6%), tinham formação universitária (70,1%) e estavam empregadas (46%), revelou que as mais afetadas emocionalmente foram as mulheres, com 40% de sintomas de depressão, 35% de ansiedade e 37% de estresse.[4] Os dados são alarmantes, e o impacto pode ter relação com a queda da representatividade de mulheres em

---

3. *Fonte:* Pesquisa GEM: aumenta o número de negócios com mais de 3,5 anos no Brasil. Disponível em: <https://static.poder360.com.br/2022/03/sebrae-empreendedorismo-24mar2022.pdf>. Acesso em: 12 mar. 2023.
4. *Fonte:* FERREIRA, IVANIR. "Mulheres foram mais afetadas emocionalmente pela pandemia". *Jornal da USP*. Disponível em: <https://jornal.usp.br/ciencias/mulheres-foram-mais-afetadas-emocionalmente-pela-pandemia/>. Acesso em: 4 mar. 2023.

cargos de liderança e o tempo que elas dedicam a tarefas domésticas (quase o dobro em relação aos homens). Tenho certeza de que, se você é mulher, sabe do que estou falando.

Minha vivência no período da pandemia foi particularmente bem traumática. Em março de 2020, estava em viagem, de férias, e voltei em um dos últimos voos possíveis antes do fechamento dos espaços aéreos. Tanto eu quanto minha família adoecemos e não tínhamos informações suficientes na época para saber que estávamos contaminados. Os sintomas que me fizeram perceber isso foram a completa perda de olfato e paladar, que recuperei aos poucos, e muita falta de ar. Algum tempo depois, minha avó materna faleceu, e todo o clima de confinamento e perdas foi criando um peso emocional gigantesco. Para piorar ainda mais, meu relacionamento conjugal foi se perdendo em meio à revisão de propósitos e visões de futuro – temas que também irei aprofundar neste livro. A minha "mochila" de responsabilidades perante minha família, sobretudo meus filhos, e minha saúde mental tinha ficado muito pesada, o que, em agosto de 2021, culminou em crises de ansiedade, depressão e, posteriormente, minha decisão pelo divórcio.

Considerando todos esses dados, que se refletem em mulheres perdendo espaço no mercado de trabalho e sofrendo mais os impactos emocionais, quero chamar sua atenção para o fato de que o olhar empático das lideranças à causa feminina também foi afetado. A falta de representatividade e de mais exemplos femininos tendo de equilibrar tantos pratos simultaneamente expôs o reflexo da perda da rede de apoio durante a pandemia, o que, na minha vida, foi determinante para decidir não continuar no meu relacionamento, por exemplo. Além disso, essa construção cultural e social deixa, na maioria das vezes, para as mulheres a responsabilidade pelo lar e pelos filhos, um papel que, como sabemos bem, é invisibilizado e não remunerado.

Quer outro exemplo? Enquanto a taxa de desemprego entre as mulheres brasileiras foi de 16% no quarto trimestre de 2020, a dos homens foi de 12%.[5] Na média global, o percentual ficou em 14%. Sabe o que isso significa? Que o desemprego entre as mulheres brasileiras esteve acima da média global, especialmente durante os anos de pandemia.

Ainda que o cenário pareça desanimador, minha intenção ao trazer essas informações é mostrar que há muitos espaços para conquistarmos no que diz respeito à equidade de gênero e ambientes diversos. Para isso, precisamos nos preparar para

---

5. SILVEIRA, Daniel; ALVARENGA, Darlan. "Taxa de desemprego entre mulheres atinge recorde de 17,9%". g1. Disponível em: <https://g1.globo.com/economia/noticia/2021/05/27/taxa-de-desemprego-entre-mulheres-atinge-recorde-de-179percent.ghtml>. Acesso em: 4 mar, 2023.

saber como, quando e por onde agir, sobretudo diante do aumento dos indicadores de impacto na saúde mental, de *burnout* feminino e perda de referências inspiradoras.

E nesse cenário, entender qual é o nosso papel individual e como podemos (e devemos) nos posicionar nesse contexto complexo, volátil e altamente competitivo torna-se um desafio constante para todas nós.

É preciso estar preparada para lidar com tamanhas adversidades, compreendendo qual rota seguir, quais desafios pode encontrar e se preparar para as adequações de percurso que podem acontecer. Todavia, saber qual o momento de empreender, investir em novas ferramentas e habilidades para buscar uma ascensão profissional ou mudar de empresa ou carreira é uma dúvida que todas temos durante a vida, e quero compartilhar como as minhas decisões e a de outras referências inspiradoras podem ajudar você especialmente em momentos como esses. Vamos começar falando sobre a realidade de cargos e salários.

## A REALIDADE DE CARGOS E SALÁRIOS

O que você sente quando descobre que um homem recebe mais que uma mulher exercendo o mesmo tipo de trabalho e desempenhando a mesma função que ela? Tenho certeza de que essa informação traz a você algum tipo de incômodo ou, até mesmo, apatia, como foi no meu caso, quando fui apresentada ao tema pela primeira vez.

Na ocasião, eu exercia o cargo de gerência em uma incorporadora e construtora que atuava em todo o território nacional, quando uma colega do departamento de recursos humanos, em um momento descontraído pós-expediente, comentou comigo que o gerente, que era meu par, ganhava mais do que eu pelo simples fato de ser homem.

Nem preciso dizer, hoje, o tamanho da minha indignação, afinal, eu era responsável por gerenciar quase cinco vezes mais empreendimentos do que ele! Naquele momento, preferi não acreditar e encarei o fato com indiferença, mas hoje, numa versão mais sábia de mim, consigo reconhecer que foi a ignorância que eu tinha na época acerca do tema "equidade salarial" que me fez não enxergar a realidade à qual estava sendo submetida.

Talvez esse seja seu caso. Sendo assim, aqui, neste momento, você também assume a sua versão mais sábia ao ter consciência de que existe, sim, disparidade salarial entre homens e mulheres, em esfera mundial, apenas pela questão de gênero.

Saiba que, no Brasil, foi apenas em setembro de 2022 que entrou em vigor a Lei nº 14.457/2022, que institui o programa *Emprega + Mulheres* e prevê expressamente a igualdade salarial entre homens e mulheres que exerçam a mesma função.

Por outro lado, nesse ponto, a norma não inovou nem alterou a Consolidação das Leis do Trabalho (CLT), pois ela especifica que "às mulheres empregadas é garantido igual salário em relação aos empregados que exerçam idêntica função prestada ao mesmo empregador, nos termos dos arts. 373-A e 461 da Consolidação das Leis do Trabalho".[6]

Lendo assim, parece que esse problema estaria resolvido, certo? Mas não é o caso, já que o artigo 461 da mesma lei prevê que o salário pode ser diferente se a empresa tiver planos de carreira, sendo possível a adoção do critério merecimento (a conhecida e polêmica "meritocracia") e/ou antiguidade – tempo de trabalho na mesma companhia – para corrigir os salários de homens e mulheres de forma diferente. A nova lei de 2022 contribui justamente com o apoio ao papel da mãe na primeira infância dos filhos com intuito de qualificar mulheres em áreas estratégicas visando à ascensão profissional e, também, para facilitar o retorno das trabalhadoras após o término da licença-maternidade, como uma forma de compensar pesos e medidas para

---

6. BRASIL. LEI Nº 14.457 DE 21 DE SETEMBRO DE 2022.
   Disponível em: https://legislacao.presidencia.gov.br/atos/?tipo=LEI&numero=14457&ano=2022&ato=77eetvq5kmzpwt26e>.
   Acesso em: 4 mar. 2023.

o caso de o critério do merecimento poder ser, de fato, adotado, como previsto anteriormente pela CLT.

Assim, mesmo que a diferença salarial tenha diminuído ao longo dos anos, saindo de 32% de diferença em 2012 para 22% em 2021, segundo o IBGE,[7] na prática, os trabalhadores do sexo masculino acabam ganhando mais promoções e conseguindo negociar salário mais vantajosas do que as funcionárias do sexo feminino.

Quando buscamos a liderança, precisamos procurar nos conscientizar de toda a realidade que nos cerca. Sendo mulheres, é mais importante ainda que tenhamos a capacidade de reconhecer quando estamos sendo desvalorizadas apenas por conta do gênero, e não por falta de capacidade profissional.

Em 2019, o IBGE indicou que, no Brasil, as mulheres receberam apenas 77,7% dos salários dos homens.[8] A pesquisa também indica que essa diferença salarial é ainda mais elevada

---

7. *Fonte*: Diferença cai em sete anos, mas mulheres ainda ganham 20,5% menos que homens. **Agência IBGE Notícias**. Disponível em: <https://agenciadenoticias.ibge.gov.br/agencia-noticias/2012-agencia-de-noticias/noticias/23924-diferenca-cai-em-sete-anos-mas-mulheres-ainda-ganham-20-5-menos-que-homens>. Acesso em: 13 mar. 2023.
8. *Fonte*: GUEDES, Milena. Mulheres ganham 77,7% do salário dos homens no Brasil, diz IBGE. **CNN Brasil**. Disponível em: <https://www.cnnbrasil.com.br/economia/mulheres-ganham-77-7-dos-salarios-dos-homens-no-brasil-diz-ibge/>. Acesso em: 13 mar. 2023.

em cargos de maior responsabilidade, como direção e gerência. Nessas atuações, as mulheres ganham, em média, apenas 62% dos rendimentos dos homens. E, para piorar, apenas 35% dos cargos gerenciais do país são ocupados pelo sexo feminino, mesmo que as mulheres tenham mais diplomas universitários.

Falar sobre diferenças salariais por gênero pode ser um assunto indigesto, mas é necessário. Se, por um lado, as mulheres são mais escolarizadas, por outro, elas têm menor inserção no mercado de trabalho e na vida pública. Parece um tanto desequilibrado, não?

Outro fator que influencia – e muito – na realidade dos cargos e salários das mulheres é o fator que já reforcei pelo meu relato pessoal: a maternidade. Em 2019, 55% das mulheres de 25 a 49 anos com crianças de até 3 anos estavam empregadas, enquanto a porcentagem dos homens na mesma condição foi de 89%.[9] Ou seja, uma diferença gritante de mais de 30 pontos percentuais. A partir disso, fica claro como a maternidade tem impacto direto na construção da carreira feminina e em sua participação no mercado de trabalho, e, consequentemente, na remuneração.

---

9. *Fonte:* "Mulheres ganham 77,7% do salário dos homens no Brasil, diz IBGE". Disponível em: <https://www.cnnbrasil.com.br/business/mulheres-ganham-77-7-dos-salarios-dos-homens-no-brasil-diz-ibge/>. Acesso em: 4 mar. 2023.

Além disso, como já mencionei, a responsabilidade quase duas vezes maior pelos afazeres domésticos também é um fator que limita o sexo feminino, uma vez que essa atribuição de papéis tende a reduzir a ocupação das mulheres com suas carreiras e a direcioná-las para serviços por vezes menos remunerados, com jornadas de trabalho reduzidas e mais flexíveis, autônomas ou até mesmo para a informalidade.

As diferenças nas oportunidades econômicas, incluindo a discrepância salarial, são tão grandes que serão necessários 202 anos para eliminá-las completamente, como alerta o Fórum Econômico Mundial.[10] Consegue imaginar que serão precisos dois séculos para conquistarmos a equiparação salarial entre homens e mulheres?

Essa informação é um alerta vermelho para todas nós. Para rompermos essas barreiras e conquistarmos a equidade em tempo suficiente para que nós ou nossos filhos possam vivenciá-las, precisamos conhecer nossos direitos e agir *agora*.

---

10. *Fonte:* Mulheres vão ganhar o mesmo que homens – daqui a 202 anos. Exame. Disponível em: <https://exame.com/carreira/mulheres-vao-ganhar-o-mesmo-que-homens-daqui-a-202-anos/>. Acesso em: 4 mar. 2023.

## NOSSA POSIÇÃO NO PANORAMA MUNDIAL

Saber comparar a realidade do Brasil com o panorama global nos permite ter uma visão ampliada do mundo. A seguir, vou apresentar algumas métricas que tenho como mais significativas para podermos entender o cenário da liderança feminina em um parâmetro local e mundial.

Pense comigo: o bem mais precioso que temos é o nosso tempo; então, enquanto as mulheres estiverem em posição de ser as únicas responsáveis pelo trabalho não remunerado, como e quando elas poderão dedicar esse tempo aos estudos, carreiras e profissões?

No Brasil e no mundo, um dos principais parâmetros de análise e comparação da evolução das conquistas femininas pode ser medido pela Agenda 2030,[11] um plano de ação com objetivos e metas bem definidos desenvolvido pela Organização das Nações Unidas (ONU). Na Agenda, encontramos "17 Objetivos de Desenvolvimento Sustentável" (os ODS) e 169 metas para erradicar a pobreza e promover a vida digna para todos, dentro dos limites do planeta. Essas diretrizes são orientações que todos os países podem adotar de acordo com suas prioridades

---

11. Para consultar os Objetivos de Desenvolvimento Sustentável no Brasil, acesse: https://brasil.un.org/pt-br/sdgs.

para que atuem no espírito de uma parceria global que oriente melhor as escolhas.

Para que você tenha uma ideia de como estamos atualmente, o quinto objetivo, que aborda a igualdade de gênero e busca empoderar todas as mulheres e meninas, é monitorado por um site do Governo Federal. Um dado importantíssimo fornecido por esse site (e que devemos ter em mente) diz respeito ao indicador que mede a proporção de tempo gasto em trabalho doméstico não remunerado e nos cuidados à família, segmentado por sexo, gênero, idade e localização.

Lembrando que a definição de trabalho invisibilizado e não remunerado é toda a dedicação à administração doméstica, educação dos filhos e qualquer demanda que ocupe tempo e que não seja, socialmente, executada por ambos os sexos. O que o monitoramento evidencia por aqui é que ainda temos muito trabalho a ser feito (veja a tabela 1.1).

| 2019 PROPORÇÃO | TOTAL | | 14 A 29 ANOS | |
|---|---|---|---|---|
| | Homens | Mulheres | Homens | Mulheres |
| Brasil | 5,3 | 11,8 | 4,0 | 9,3 |
| Norte | 5,3 | 11,3 | 4,4 | 9,9 |
| Nordeste | 4,5 | 11,9 | 3,5 | 9,8 |
| Sudeste | 5,6 | 12,3 | 4,2 | 9,2 |
| Sul | 5,8 | 11,3 | 4,4 | 8,8 |
| Centro-Oeste | 4,9 | 10,7 | 4,2 | 8,6 |

**Tabela 1.1** Proporção de horas diárias dedicadas aos cuidados de pessoas e/ou afazeres domésticos, das pessoas de 14 anos ou mais de idade, por sexo e grupo de idade.

*Fonte:* Objetivos do Desenvolvimento Sustentável. Disponível em: <https://odsbrasil.gov.br/objetivo5/indicador541> . Acesso em: 13 mar. 2022. Para ver os dados por estado, basta acessar o link.

Ainda que todos tenhamos as mesmas 24 horas no dia, as mulheres dedicam, em média no Brasil, mais que o dobro do tempo nessas tarefas em relação aos homens, e, como vimos antes, a invisibilidade desse trabalho reflete na relação salarial e na saúde mental.

Para deixar ainda mais evidente como estamos em relação ao restante do mundo, o Brasil foi um dos países da América Latina com o pior índice de disparidade de gênero, ocupando

| 30 A 49 ANOS | | 50 A 59 ANOS | | 60 ANOS OU MAIS | |
|---|---|---|---|---|---|
| Homens | Mulheres | Homens | Mulheres | Homens | Mulheres |
| 5,8 | 13,1 | 5,7 | 13,5 | 5,8 | 11,7 |
| 5,8 | 12,6 | 6,0 | 12,6 | 5,8 | 10,2 |
| 5,1 | 13,4 | 5,1 | 13,6 | 4,6 | 10,7 |
| 6,3 | 13,5 | 6,0 | 14,1 | 6,3 | 12,5 |
| 6,3 | 12,4 | 6,2 | 12,7 | 6,6 | 11,5 |
| 5,3 | 11,7 | 5,0 | 12,1 | 5,4 | 10,8 |

a 25ª posição entre 26 nações analisadas. Ou seja, estamos na penúltima posição![12]

Como ressaltou Corina Rodrigues Enriquez em seu artigo "Economia do cuidado e desigualdade na América Latina: avanços recentes e desafios pendentes", publicado no livro *Economia feminina*, da editora Jandira: "Colocar a questão do cuidado na

---

12. A pesquisa Global Gender Gap Report 2021 do Fórum Econômico Mundial (FEM) mostra que a igualdade de gênero está ainda mais distante das mulheres em virtude da pandemia de Covid-19 e levará 135,6 anos para ser conquistada. Antes, a expectativa era de 99,5 anos. De acordo com a pesquisa, o Brasil fechou 69,5% de sua lacuna geral de gênero, alcançando a posição 93 globalmente. Entre os 26 países da América Latina que participaram do levantamento, o Brasil ficou em 25º lugar. *Fonte*: Disponível em: <https://www3.weforum.org/docs/WEF_GGGR_2021.pdf>.

agenda significa colocar no centro da preocupação da política pública a na sustentabilidade da vida".

Para finalizar a análise que aborda o panorama global, penso ser importante mencionar que a ONU estabelece os Princípios de Empoderamento das Mulheres (WEPS, do inglês *Women's Empowerment Principles*), que oferecem orientação às empresas sobre como promover a igualdade de gênero e o empoderamento feminino no local de trabalho, no mercado e nas comunidades.

Como vimos, existem orientações, métricas e formas de implementar medidas que instruam empresas e colaboradores para que se tenha um ambiente de trabalho mais acolhedor mesmo com as complexidades e diferenças que existem em um coletivo de pessoas. Nesse sentido, entender como profissionais e empresas estão e como lidam com a problemática da ascensão da carreira feminina é o primeiro passo para compreender onde você e sua empresa estão para que possa agir sobre os obstáculos identificados.

**PARTE DOIS**

# DEGRAUS, OBSTÁCULOS E BARREIRAS

A evolução da jornada de desenvolvimento pessoal e profissional feminina não é linear. Ela possui diversas complexidades que deixam o caminho mais difícil. É comum usarmos analogias para entender a situação, portanto, trago aqui algumas que são bem emblemáticas:

Um homem e uma mulher estão em frente a duas escadas. Os degraus do homem são dispostos de forma equidistante e convencional, enquanto os degraus da mulher são irregulares e com distanciamentos maiores. Isso mostra certa linearidade na trajetória profissional masculina, especialmente do homem branco heteronormativo; já no caso da carreira feminina, cada mudança exige um esforço muito maior, devido ao distanciamento entre os degraus de mudança de nível gerencial – e, por vezes, um desses degraus pode estar quebrado.

O relatório de 2022 *Women in Workplace*,[1] publicado anualmente pela consultoria internacional Mckinsey & Company em parceria com a iniciativa Lena In, reforça as razões pelas quais as mulheres líderes estão se afastando das empresas, apesar de serem tão ambiciosas quanto os homens. Entre as razões mais citadas está a probabilidade de sofrerem mais com microagressões depreciativas, como ter sua opinião questionada ou até mesmo ser

---

1. Para ver o relatório na íntegra, acesse: https://womenintheworkplace.com/.

confundidas com alguém mais júnior. Além disso, após tanto tempo de trabalho remoto, são cada vez mais importantes, para as mulheres líderes, os trabalhos em empresas que priorizam a flexibilidade, o bem-estar dos seus colaboradores, a diversidade, a equidade e a inclusão (DEI).

Todas essas adversidades são representadas em outra ilustração, que compara duas pistas de corrida: a do homem é com obstáculos de barreiras convencionais, mas a da mulher tem armadilhas e perigos que dificultam ainda mais alcançar a "linha de chegada".

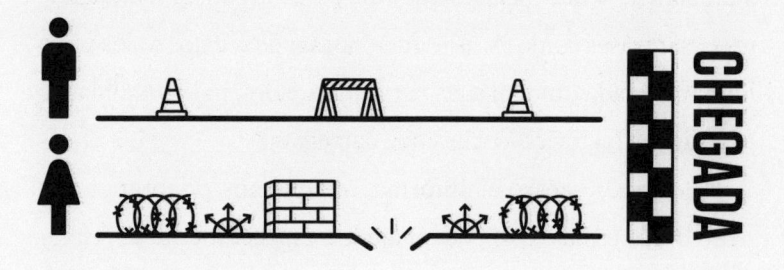

Esses são bons exemplos que buscam ilustrar que os caminhos que percorremos, mesmo que tenham a mesma distância, são diferentes. Nós enfrentamos degraus, obstáculos e barreiras que vão desde questões e padrões sociais, religiosos, culturais, etários e raciais – só para citar alguns externos –, até conflitos e bloqueios internos, que nós próprias criamos, seja por falta de referências, seja por não acreditarmos em nosso potencial. Essa autossabotagem é conhecida como "síndrome da impostora": nós duvidamos de nosso potencial, mesmo que tenhamos o conhecimento técnico e as habilidades necessárias.

Outra condição que ainda vejo em muitas mulheres, infelizmente, é negar a própria condição feminina e não querer assumir ou até mesmo encarar as muitas dificuldades que enfrentamos por causa do gênero. Muitas empresas fazem o mesmo quando optam pelo discurso "eu não enxergo gênero, eu enxergo seres humanos". Vejo essa abordagem como uma maneira muito simplista de tentar neutralizar uma pauta urgente. Precisamos repensar frases como essas porque, apesar de sermos todos seres humanos, cada um tem suas particularidades, individualidades e bagagens histórico-sociais que carregam.

Ao termos acesso às informações que nos orientam a respeito desse tema e que podem ajudar, especialmente as mulheres, a ter uma visão de planejamento e de jornada profissional, a pauta da diversidade, inclusão e representatividade assume outro papel e traz novas perspectivas. Foi o que mostrou um levantamento que realizei com alunos que concluíram meus cursos sobre Mulheres na Liderança, que gravei para a plataforma do LinkedIn Learning (Para acessar os cursos, clique nos QR Codes a seguir)

**MULHERES NA LIDERANÇA: COMO PROMOVER LÍDERES INCLUSIVAS E INOVADORAS**

**MULHERES NA LIDERANÇA: COMO IMPULSIONAR A EQUIDADE NAS ORGANIZAÇÕES**

**MULHERES NA INOVAÇÃO: COMO PROMOVER IMPACTOS E RESULTADOS**

Após entenderem a dinâmica na qual estamos inseridos, foi unânime a concordância com a afirmação de que um ambiente mais diverso pode proporcionar maior lucratividade, inovação e produtividade. Além disso, 97,1% desses alunos se sentiram capazes de identificar os obstáculos e barreiras que enfrentam no cenário em que estão inseridos, como crenças pessoais e barreiras sociais.

Apenas reforçando, meu objetivo aqui é que você também possa criar essa percepção ao longo deste livro e que não apenas saiba identificar tais obstáculos, como também se sinta preparada para vencê-los e avançar sobre o degrau quebrado.

Quando falo sobre liderança individual e liderança feminina, acredito que alguns obstáculos são frequentes e recorrentes para muitas mulheres. Minha intenção agora é ajudar você a compreender que, antes de tentarmos aplicar qualquer mudança – seja ela onde for –, precisamos estar conscientes das barreiras que estamos enfrentando.

Por exemplo, você sabia que a maioria das mulheres só se candidata para uma vaga de trabalho ou para a promoção de um emprego quando possui 100% dos pré-requisitos necessários? Enquanto isso, os homens fazem o mesmo com apenas 60% das exigências.[2]

Jhenyffer Coutinho é fundadora do Se Candidate, Mulher!, uma startup de Recursos Humanos que conecta mulheres a empresas que queiram contratá-las ou promovê-las. Na perspectiva das mulheres, a organização ajuda, incentiva, encoraja e capacita as mulheres a se candidatarem nas vagas de empregos ou promoções que elas querem de forma assertiva, recolocando, entre os anos de 2020 e 2023, pelo menos 2 mulheres por dia,

---

2. Gender Insight Reports: how women find Jobs diferently. **LinkedIn Talent Solutions**. Disponível em: <https://business.linkedin.com/content/dam/me/business/en-us/talent-solutions-lodestone/body/pdf/Gender-Insights-Report.pdf>. Acesso em 4 mar. 2023.

sejam em novos empregos ou em promoções internas. Ela foi minha convidada no meu podcast *Vieses Femininos* para falarmos sobre isso e trouxe um olhar muito relevante sobre o tema:

> Precisamos entender que não é um defeito da mulher não se candidatar e não é uma qualidade do homem se candidatar nessa mesma lógica.. Quando a gente entende que estamos falando sobre traços característicos e que o homem é criado com toda uma construção sociológica a correr mais riscos, enquanto a mulher é criada para ser perfeita e entregar tudo, começamos a entender que esse dado é um padrão comportamental, não um defeito ou uma qualidade desses gêneros.
> Então, o que acontece com essa mulher? Além de todo esse padrão comportamental de perfeição que é construído pela sociedade, ela é ensinada que precisa ser muito boa em tudo o que faz. E é justamente a partir disso que surge a síndrome da impostora, que, apesar de atingir ambos, afeta mais as mulheres. A mulher passa a não acreditar que ela é capaz de tudo e vai perdendo cada vez mais a autoconfiança.
> Sabendo disso, o primeiro passo é virar essa chavinha dentro de si para trabalhar nessa autoconfiança. Por outro lado, acho importante a gente ressaltar que, na perspectiva de carreira, existe a responsabilidade da profissional e da empresa

Do lado da mulher, ela precisa começar a reconhecer a margem de segurança. Se ela tem 65% ou 70% dos pré-requisitos, pode se candidatar tranquilamente para a vaga em questão. No entanto, é claro que há outros fatores em jogo. Não basta ter só um bom currículo, mas também personalizar esse currículo para cada vaga. Não basta criar um perfil no LinkedIn, é preciso preenchê-lo estrategicamente. Não é só ir para a entrevista, mas treinar para a entrevista.

Do lado da empresa, é importante que haja uma releitura do processo seletivo, já que existem tantas barreiras. Um exercício de reflexão mesmo: "Será que a nossa linguagem é inclusiva? Será que as mulheres se veem na descrição de determinada vaga? Eu possuo uma marca empregadora amigável para as mulheres? Será que as mulheres se veem na descrição de determinada vaga? Os nossos pré-requisitos realmente são todos dessa lista aqui?" Se não, isso é uma barreira de entrada. Existem mulheres envolvidas no nosso processo seletivo ou tudo está rodeado apenas por homens?

As empresas podem não estar sabendo se comunicar com mulheres e, a partir do momento em que há essa compreensão, de que não se trata de um defeito da mulher, e sim de um traço característico, ela tenta tirar essas barreiras na hora da candidatura da mulher. Já tem muita empresa fazendo isso, principalmente se ela quer equidade de gênero na organização.

Para ouvir o podcast na íntegra, acesse o QR Code.³

No seu caso, você já deixou de se candidatar para alguma vaga por não se sentir 100% qualificada para ela? Ou deixou de apresentar alguma proposta de projeto ou até mesmo de se pronunciar no seu trabalho por não se sentir preparada? Não pediu uma promoção mesmo com o reconhecimento de seu trabalho e de suas entregas? Tenho certeza de que sim, por isso falo sobre a importância de saber como identificar os obstáculos e as barreiras.

Em novembro de 2021, participei de um painel de debate em um evento para pessoas investidoras do mercado imobiliário promovido por uma renomada incorporadora de São Paulo. Ao final do evento, houve uma sessão de autógrafos do meu livro.

Em determinado momento, vieram até a mesa três profissionais de uma empresa de comercialização de imóveis que se

---

3. Para acessar os episódios dos podcasts, utilize o aplicativo do Spotify. No menu de busca, utilize a opção de câmera e aponte para o QR Code.

identificaram como dois diretores e uma gerente. Os dois começaram a tecer diversos elogios à gerente, quanto ela era competente e ótima em resultados de vendas, quanto a empresa dependia dela, e ainda reforçaram a alta performance comercial daquela mulher. Foi quando eu questionei aos dois o motivo pelo qual ela não era, então, uma diretora.

Houve certo clima na hora, e pensei que aquela mulher talvez não tivesse alguém que a incentivasse para uma evolução de carreira e que, com a mentalidade daqueles diretores que – mesmo sabendo do gigantesco potencial dela – a mantinham em um cargo menor, essa possibilidade de evolução estava ameaçada. A justificativa que recebi deles foi ainda pior: de que ela ganhava mais sendo gerente.

Toda a nossa construção social e econômica afeta a maneira como nos comportamos. Quando você sabe de onde vem o obstáculo que precisa enfrentar, consegue se preparar melhor para lidar com ele.

Se o degrau que você precisa subir está quebrado, é importante que tenha as ferramentas necessárias para construir um novo caminho para chegar até a próxima etapa dessa escada.

A partir de agora, perceba que você tem novas informações e dados à sua disposição e que pode começar a mudar a sua perspectiva sobre suas próprias ações. Não há mais desculpas para negar as pautas urgentes que precisam de mudanças, mas lembre-se de que você precisa, antes de mais nada, saber se autoliderar para ser uma grande líder.

## IDENTIFICANDO O SEU CENÁRIO INDIVIDUAL ATUAL

No capítulo anterior, comentei sobre a minha experiência profissional após retornar da maternidade e os desafios que me foram impostos diante da minha nova condição.

Naquele contexto, fiz um exercício de perceber o que o mercado estava me oferecendo e quais eram as minhas necessidades individuais. Foi a partir dessa reflexão que tomei a decisão de pedir demissão e empreender. Afinal, eu tinha muitos contatos no mercado, muita gente me respeitava e não foi difícil conseguir algumas portas abertas para fazer reuniões e prospectar novos clientes.

No entanto, apesar de conseguir agendar as reuniões, percebi que quase ninguém fechava o negócio. Mais uma vez, assim como na experiência no *trekking*, precisei fazer um novo exercício de liderança, observando o ambiente para saber onde e com quem eu estava. As pessoas com as quais eu conseguia agendar reuniões me respeitavam bastante, é verdade, mas elas precisavam do peso do nome corporativo para fechar o negócio.

A provocação que eu quero trazer aqui é a seguinte: quantas vezes nós, mulheres, olhamos de fato para a nossa carreira? A maioria das que eu conheço não fizeram esse planejamento. Várias chegaram aonde estão hoje porque tiveram uma indicação, viram uma oportunidade ou apenas acreditavam que ganhariam mais. Elas não quiseram de verdade estar ali e fazer o que faziam, foi apenas uma consequência depois de uma série de questões e acontecimentos. Muitas nem mesmo estão felizes, mas ficam onde estão porque precisam pagar as contas.

Trabalhei durante alguns anos na empresa Viver Incorporadora e estava bem infeliz com o que fazia na época. Eu tinha um sonho de trabalhar na Tishman Speyer. Era uma vontade tão grande que eu sentia um frio na barriga sempre que via a logo da empresa. Mas eu achava impossível e tive várias crenças limitantes em relação a isso. Acreditava que meu inglês não era bom o suficiente para trabalhar lá, que a empresa exigia um nível de conhecimento que eu não tinha... Criei para mim mesma uma série de barreiras que me colocavam como uma profissional que não pertencia àquele lugar.

Como a vida é cheia de surpresas: durante o ano de 2013, fiquei responsável por gerenciar um grande empreendimento desenvolvido em parceria entre a Viver e a Tishman Speyer. Depois de uma reunião de desenvolvimento, um dos diretores presentes entrou em contato comigo, dizendo que gostaria de me fazer uma proposta para sair de onde eu estava e trabalhar com ele. É claro que fiquei imensamente feliz com a oportunidade, mas hoje, olhando para trás, vejo que foi preciso que alguém me "resgatasse" de onde eu estava e que eu não tive liderança individual para me movimentar e mudar a realidade que me incomodava.

Quantas vezes você já esteve em algum lugar porque alguém te puxou ou te convidou para estar lá? Esse movimento acaba não sendo voluntário e, mais adiante, quando nos aprofundarmos sobre o "degrau quebrado" e o "telhado de vidro", você entenderá a importância e a necessidade de termos pessoas em nossa carreira que possam nos ajudar a vencer algumas barreiras.

No entanto, para que essa ajuda funcione, você precisa aprender a identificar o seu cenário individual, saber criar oportunidades e estar atenta a esses momentos. Dito isso, pense no seguinte: o que você seria capaz de modificar agora mesmo sem que precisasse de uma força externa? Para mudar o seu cenário atual, você precisa de planejamento de carreira, precisa saber o que quer para si no futuro. Para isso, deixo algumas perguntas a seguir para que você reflita sobre o seu cenário profissional atual:

- Como você tem planejado a sua carreira até hoje?
- Se você pudesse desejar estar em algum lugar hoje, o que você estaria fazendo?

- Qual é a sua vontade em termos de carreira para daqui 5 ou 10 anos?
- Esse sonho realmente vai ao encontro de seus desejos pessoais?

Fiz esse mesmo exercício e acabei saindo da Tishman depois de mais de três anos na empresa, pois percebi que nunca deixaria o cargo de gerente ali. Ao me fazer essas mesmas perguntas que fiz a você, percebi que eu buscava um crescimento profissional maior do que o que a empresa poderia me oferecer e compreendi que alguns valores pessoais são inegociáveis para mim.

Para identificar com clareza o seu cenário individual atual, você precisa saber aonde quer chegar, mas precisa também refletir sobre o que não quer e não aceita. Conheço mulheres que estão em lugares que odeiam e estão adoecendo por se sentirem presas ao salário que paga as contas no final do mês. Se você é uma delas, quero que este livro ajude na compreensão de que você é capaz de desenvolver sua liderança individual para mudar essa realidade.

## COMO FURAR A BOLHA

Há pouco tempo, trabalhei com uma mulher bem jovem em uma de minhas mentorias. Ela me procurou porque se sentia extremamente insatisfeita na empresa em que trabalhava e estava lá havia apenas dois meses. Ou seja, não tinha nem completado o período de experiência, mas logo percebi que ela realmente precisava de ajuda.

Durante o processo, fomos nos conhecendo melhor e compreendi mais sobre o lugar que ela almejava com sua carreira, o que a deixaria satisfeita e o desejo em ser feliz trabalhando. Por outro lado, também identifiquei que simplesmente trocar de empresa não traria a felicidade que ela buscava: ela precisava compreender os próprios valores antes de buscar uma mudança para encontrar um lugar que tivesse os mesmos princípios.

Quando falo sobre furar a bolha, falo sobre termos mais consciência de aonde queremos chegar e qual é a rota que precisamos traçar até lá. O que buscamos para nossa vida profissional deve estar em harmonia com o que acreditamos em nossa vida particular; do contrário, nunca nos sentiremos verdadeiramente satisfeitas com o que fazemos. A partir do momento em que percebi essa falta de clareza em minha cliente, as perguntas passaram a ser estas:

- Quem eu estou ajudando?
- Que tipo de impacto eu gero?
- Trabalhar nesta empresa faz sentido com o que eu quero?
- Estou de acordo com os valores desta empresa?

Não quero dizer com isso que só precisamos planejar nossa carreira e os próximos passos a partir de insatisfações. O desejo de mudar ou de buscar novas experiências pode vir de diversas maneiras. Depois que a minha filha nasceu, por exemplo, eu me lembro de ter procurado ajuda e orientação porque também sentia um pouco dessa inquietação que vi em minha mentoranda. Estava tudo bem no meu trabalho – eu ganhava bem, estava em uma empresa de que gostava –, mas sentia, aos poucos, que precisava planejar a próxima etapa da minha vida, porque logo eu já não caberia ali.

Seu tempo é seu bem mais precioso, e saber recalcular a rota consciente de aonde quer chegar faz parte de uma liderança consciente. Busque sempre saber quem são as pessoas por trás das empresas pelas quais você se interessa e em quais valores acreditam. Em uma pesquisa que fizemos com o Mulheres do Imobiliário, verificamos que as mulheres costumam analisar mais do que os homens os históricos das empresas, os selos, as certificações e os portfólio antes de fecharem a compra de um imóvel. Por que não fazer o mesmo com a nossa carreira?

Dedicamos grande parte de nosso tempo ao trabalho e à carreira; se esta área da vida não estiver alinhada a nossos valores, corremos sérios riscos de adoecer ou de sofrer um *burnout*. Olhar para a carreira é olhar para a saúde. Precisamos ter equilíbrio no tripé – vida profissional, pessoal e familiar –, porque os desafios não serão fáceis, mas pelo menos teremos a certeza de que estamos colocando nossa energia em nosso verdadeiro propósito.

Para furar a bolha, é preciso ampliar nossos horizontes e nossas referências. Frequentemente faço esta provocação questionando sobre a diversidade do seu *feed* nas redes sociais: seu mural de publicações é diverso? Inclui pessoas de outras orientações sexuais, etnias e religiões? Essa é uma forma simples e que traz um resultado de impacto muito potente na forma como compreendemos a pluralidade de pessoas, culturas, ideias e opiniões.

Quando decidi levantar a bandeira da liderança feminina no setor imobiliário, fui praticamente ignorada pelo mercado por quase dois anos. Se eu não tivesse aberto minha rede de contatos e referências para além daquele setor, nunca teria entendido a necessidade de abordar essa temática para aquele mercado específico. E era justamente por saber que o tema estava sendo valorizado e trabalhado em diversas partes do mundo e em segmentos distintos que decidi me levantar por esta causa. Hoje, o contexto e o cenário global potencializam bastante a pauta feminina que defendo, mas se lá atrás eu não estivesse alinhada aos meus valores, não teria chegado aonde cheguei. E sei que ainda tenho muito trabalho pela frente.

## CRENÇAS LIMITANTES E OUTRAS AMEAÇAS

Qual é a barreira que nos impede de viver das nossas forças, nossas habilidades e nosso potencial? O que nos limita a investir em nossas carreiras e na ascensão profissional? São nossas próprias crenças, nossos pensamentos e as conversas limitantes. Cada uma de nós tem uma voz em nossa mente que fala incessantemente, e é importante fazer uma pausa de vez em quando para que você possa se ouvir.

A mente humana tem mais de 6 mil pensamentos por dia.[4] A maioria deles são pensamentos reativos e automáticos para circunstâncias, conversas ou outros pensamentos. Quando alguém não alcança os resultados que gostaria, a coisa mais natural a se fazer é olhar para as ações que estão sendo realizadas e tentar ações diferentes para se obter o resultado desejado. Contudo, muitas vezes o que recebemos são resultados semelhantes.

Mais poderosa que a tentativa de realizar ações de maneira diferente é voltar às crenças e considerar quais aprendizados e certezas nós temos que podem estar limitando ou expandindo as ações que vemos como possíveis. Se tivermos uma crença limitante, restringimos o campo de ações que vemos como possíveis

---

4. *Fonte:* RIBEIRO, Marcelo. Cientistas descobrem quantos pensamentos temos por dia. Adivinhe quantos. **Hypescience**. Disponível em: <https://hypescience.com/quantos-pensamentos-temos-por-dia/>. Acesso em: 4 mar. 2023.

(ou ações que podemos aproveitar poderosamente), reduzindo o campo de possíveis resultados. Isso faz sentido para você?

Vou dar um exemplo: lembra como eu acreditava que não era uma profissional suficiente para estar na Tishman Speyer e, pouco tempo depois, fui convidada a trabalhar lá? Aquilo era apenas uma crença limitante que eu mesma havia criado.

Quero propor um exercício: qual é a área da sua vida em que você não está obtendo os resultados desejados? O que você está fazendo (ou não está fazendo) para produzir esses resultados? Qual é a crença? Por exemplo, se você está preso a uma crença limitadora como a minha – "Eu não sei o suficiente" –, seus resultados provavelmente serão limitados também. Se você não se desafia, seus resultados refletirão isso. Dentro dessa mentalidade, que chances você tem de realizar algo diferente?

Podemos considerar que esse tipo de mentalidade provavelmente pode afetar todas as áreas da sua vida; sendo assim, descrevo aqui algumas crenças limitantes gerais:

- Eu não sou boa o suficiente.
- Não sou bonita/magra o suficiente.
- Eu sou muito velha/jovem.
- Eu não sou inteligente o suficiente.
- Eu não tenho tempo/dinheiro suficiente.

Agora, elenco a seguir algumas das crenças limitantes sobre dinheiro:

- Você tem que trabalhar muito (muito mesmo) para conseguir dinheiro.
- Pessoas ricas são gananciosas/más/infelizes.
- Minha família nunca teve dinheiro/ser pobre é algo da nossa família.
- O dinheiro só causa brigas.
- Não sou boa em gerenciar dinheiro.
- Estou sempre falida. Nunca vou ganhar dinheiro suficiente.

E, por fim, algumas crenças limitantes sobre carreira e negócios:

- A economia está ruim.
- Não tenho credenciais suficientes.
- Não tenho experiência suficiente.
- Não sou boa em vendas/marketing/números.

Identificar e transformar sua crença autolimitada requer muito trabalho interno, e apenas ler essa lista não fará com que você seja capaz de descobrir as próprias crenças que te impedem de viver uma vida ideal. É como se você estivesse confinada por paredes que você mesma construiu. Se você não está chegando aonde deseja em uma área de sua vida, procure examinar atentamente suas crenças.

Certa vez ouvi de uma grande amiga – e forte voz em liderança feminina – que o marido dela disse algo como: "Os altos cargos de liderança estão aí disponíveis, basta as mulheres irem atrás deles". Se isso fosse tão simples, não existiria tanto conteúdo para desenvolver este livro, não é mesmo?

A verdade é que a busca pela liderança requer autoconhecimento e conhecimento de mundo, de realidade e de liderança individual. Se não soubermos nos liderar, jamais conquistaremos a liderança feminina. E, para isso, compreender a nossa mentalidade é fundamental para a jornada. Nossas crenças podem ser justamente o que está nos impedindo de conseguir o que desejamos, mas essas crenças autolimitadas estão apenas em nossa mente.

E a boa notícia é que podemos mudar isso. Uma vez que estivermos conscientes de nossa mentalidade automática, podemos aceitá-la e, então, escolher uma que seja mais inspiradora. Pergunte-se: quais resultados queremos com a promoção de mais mulheres em cargos de liderança? E quais são as crenças e os pensamentos que precisamos ter sobre nós mesmas para que nossas ações reflitam isso?

Nesse sentido, agir a partir dessa mentalidade inspiradora é uma maneira de retornar à nossa verdadeira inspiração. E pegando o gancho do comentário do marido da minha amiga, e trazendo um exemplo bem didático de como essa visão, por vezes mais masculina (embora ainda existam mulheres que corroborem esse pensamento) de que as "vagas estão aí", quero compartilhar a experiência de quando fiz um comentário em uma postagem nas redes sociais refutando essa ideia. Na postagem, que era um vídeo, um grande influenciador, com mais de meio milhão de seguidores, responde a um comentário de uma mulher que alerta para o fato de não ter visto representatividade feminina em seu time com o seguinte argumento "a quantidade de mulheres que se interessa por liderança é menor!". Então, fiz um contraponto, perguntado sobre as ações que a empresa dele fazia para estimular a presença feminina e se as cinco sócias que ele disse ter exerciam uma liderança inspiradora. As centenas de comentários feitos só ratificaram a vontade, intenção e atitude das mulheres pela liderança. Isso nos mostra que não podemos aceitar uma visão passiva e reativa, como as desses dois casos, especialmente quando há mais exemplos de lideranças femininas para se espelhar.

Agora, imagine quando esses exemplos de liderança feminina inspiradora simplesmente não existem! E não precisa ir muito longe. Por exemplo, você já foi a única mulher em uma sala de reuniões? Eu já, como contei para vocês anteriormente. Ser "a única" ainda é uma experiência comum para diversas mulheres no mercado. Segundo outra pesquisa elaborada pela McKinsey, uma em cada cinco mulheres disse que em várias ocasiões esteve só no ambiente de trabalho: em outras palavras, está isolada. Isso é duas vezes mais comum para mulheres em nível sênior e em funções técnicas, chegando ao total de 40%.[5]

Ainda de acordo com a pesquisa, as "mulheres únicas" têm mais de 80% de chances de receber microagressões, em comparação aos 64% das mulheres como um todo. Elas ainda estão mais propensas a ter suas habilidades desafiadas, a ser submetidas a observações não profissionais e humilhantes, e a sentir que não podem falar sobre suas vidas pessoais no trabalho.

A pesquisa aponta ainda que a baixa representatividade feminina pode trazer problemas e impactar negativamente equipes e empresas. As mulheres que estão sozinhas têm 1,5 vez mais probabilidade de pensar em deixar o emprego. Tudo isso acontece porque estar só no ambiente corporativo afeta a forma como elas encaram

---

5. *Fonte*: **Women in the Workplace**. Disponível em: <https://www.mckinsey.com/~/media/McKinsey/Featured%20Insights/Gender%20Equality/Women%20in%20the%20Workplace%202019/Women-in-the-workplace-2019.ashx>. Acesso em: 4 mar. 2023.

as promoções, as oportunidades e o julgamento de ideias, deixando cada vez mais de acreditar na existência do mérito.

Além da dificuldade que impomos mentalmente a nós mesmas, a dificuldade das mulheres em investir e alavancar as próprias carreiras têm termos e padrões de comportamento já identificados que, uma vez conhecidos, podem ser explorados pelas profissionais e por parte das empresas. Vamos falar sobre eles a seguir.

## DEGRAU QUEBRADO

As mulheres estão sendo mais demandadas pelo trabalho e estão deixando seus cargos nas empresas em números sem precedentes, como constatado pelo levantamento de 2022 *Women in the Workplace*.[6] Essa informação é relevante, pois pode ter sérias implicações para as empresas. Como tenho relatado ao longo de todo o livro, existe uma significativa sub-representação feminina na liderança em todo o mundo. Durante anos, menos mulheres subiram na hierarquia por causa do "degrau quebrado", conceito que dá nome ao nosso livro.

Quero reforçar a atenção para esse termo, pois compreender o que ele representa é fundamental na pauta da liderança

---

6. Disponível em: <https://www.mckinsey.com/featured-insights/diversity-and-inclusion/women-in-the-workplace>. Acesso em 13 mar. 2023.

feminina. Chamamos de "degrau quebrado" o obstáculo de ascensão enfrentado pelas mulheres no primeiro escalão até o cargo de gerente. E a chave para alcançarmos a equidade pode estar, justamente, na possibilidade de consertar esse problema.

Para cada 100 homens promovidos do nível inicial à gerência, apenas 87 mulheres são promovidas, sendo 82 não brancas (o que inclui mulheres negras, latinas, indígenas, birraciais, asiáticas e orientais). Como resultado, os homens superam significativamente no nível gerencial, e as mulheres nunca conseguem alcançá-los. Sendo assim, há simplesmente poucas mulheres para serem promovidas a cargos de liderança sênior, e é por isso que reforço a importância de superar esse degrau quebrado para que possamos chegar a um cenário de equidade.

Essa "fuga da liderança" é ainda mais sentida nas mulheres com menos de 30 anos. A pesquisa indica que as mais jovens se preocupam profundamente com a oportunidade de progredir: mais de dois terços delas desejam ser líderes sêniores e mais da metade diz que o progresso se tornou mais importante para elas nos dois anos anteriores. Essas mulheres também priorizam cada vez mais a flexibilidade e o compromisso da empresa com o bem-estar e o DEI. Daí a importância de procurarmos mudar o alinhamento de empresas, para que elas não enfrentem dificuldades reais para recrutar e reter a próxima geração de mulheres líderes.

## TELHADO DE VIDRO

Gosto muito de citar uma frase que li em uma entrevista da Audrey Gelman à *Exame* que diz assim: "Você não pode ser o que não pode ver". Ela foi CEO de uma importante rede americana de *coworkings* focada em mulheres e posou grávida para a capa de uma renomada revista, mostrando que mulheres gestantes também podem ocupar grandes cargos.[7]

Enxergar que é possível evoluir na carreira é fundamental para entender outro conceito importante: o telhado/teto de vidro. Ele faz referência a pessoas que podem ter uma reputação frágil e passível de julgamentos. Quando usamos o termo "telhado de vidro" dentro de um contexto profissional feminino, queremos dizer que as mulheres enfrentam uma dificuldade maior para chegar a cargos de liderança, porque precisam validar suas capacidades, mesmo que apresentem características idênticas ou até mesmo superiores às do sexo masculino. O telhado de vidro se refere a uma barreira sistêmica e invisível que impede que as mulheres ascendam à liderança sênior.

---

7. *Fonte*: "Ela é a primeira CEO a aparecer grávida na capa de uma revista de negócios˜. *Exame negócios*. Disponível em: <https://exame.com/negocios/ela-e-a-primeira-ceo-a-aparecer-gravida-na-capa-de-uma-revista-de-negocios/>. Acesso em: 4 mar. 2023.

Cristina Palmaka, presidente da empresa SAP na América Latina e Caribe – líder mundial de aplicações de software empresarial –, foi minha entrevistada no episódio 86 do podcast *Vieses Femininos* para falar sobre liderança com equilíbrio. Estando hoje no maior cargo de liderança de uma das maiores empresas de tecnologia do mundo, pedi a ela que compartilhasse um pouco da própria trajetória e como enfrentou as dificuldades.

> Foram vários degraus, não consigo imaginar apenas um. Eles vão se somando. Eu sempre achava que tinha que trabalhar bastante, mas que eu merecia estar lá. Talvez esse tenha sido o maior degrau de todos que precisei encarar. Sempre tive um lado mais otimista e, no lugar de enxergar as coisas apenas por um lado negativo (que só tinha homem ao meu redor), eu encarava isso como um grande diferencial. Sou uma pessoa bem-humorada, mas com muita seriedade. A cada passo que eu dava, tentava ser o melhor que podia naquele passo.
> O que eu aprendi com isso é que, se você quer chegar a algum lugar, primeiro precisa fazer bem o que está fazendo. Conquistar degrau por degrau. Ganhar o respeito, o aprendizado e a confiança. Fui gestora muito cedo, já com 24 anos, e sempre tive pessoas que me apoiaram e me deram espaço. Até quando eu não tinha certeza se estava pronta, sempre

procurei me apoiar no espírito de equipe. É importante ter com quem contar.

E eu pensava muito em como ser uma boa gestora, uma boa diretora. Enfrentei algumas crenças limitantes também. Quando me tornei diretora da América Latina, por um tempo pensei que seria impossível conciliar viagens com uma filha. Eu tinha acabado de voltar de licença maternidade e, mesmo assim, viajei muito com a minha filha. Foi uma maratona, mas meu marido sempre me deu suporte para tudo, e isso faz 22 anos. Nós administramos nossa vida juntos e somos parceiros, porque ser uma boa profissional quer dizer que o tempo todo você precisa se renovar e trazer coisas novas. O que eu fazia há 20 anos não funciona mais hoje. Então, para mim, quando falamos sobre degraus, o objetivo é conquistar cada um deles. Assumindo os desafios, sem medo.

Lembro de uma reunião, quando era mais nova, em que cheguei na sala e ofereci café, água e chá para a pessoa que estava na sala e perguntei se ele estava esperando mais alguém. Para a minha surpresa, ele respondeu que estava esperando o meu chefe para tocar o projeto. Falei que eu era a responsável pelo projeto em questão e lembro do olhar inconformado e, ao mesmo tempo, sem graça dele.

No final, deu tudo certo e fechamos um projeto ótimo juntos. Eu poderia até ter ficado brava por ele presumir que, só porque eu era mulher (e nova), estava ali para servir o café, mas escolhi mostrar que eu era capaz de defender o projeto e que sabia o que estava fazendo. Sempre trouxe a responsabilidade para mim.

Esse tipo de atitude faz com que a gente ganhe respeito no final do dia. Quebra um pouco do universo masculino, principalmente na área de tecnologia. É claro que a quantidade de mulheres presidentes ainda é pequena, porque, apesar de encontrarmos muitas mulheres na base, no primeiro degrau de gestão esse número já cai pela metade; depois, para a direção, cai mais uma metade. No final, o percentual é pequeno, e esse é o nosso grande desafio. Precisamos chegar com as competências e estar preparadas para a jornada.

Para ouvir o podcast na íntegra, acesse o QR Code.

Eu me identifico muito com esse relato da Cristina Palmaka, que, para mim, é um dos grandes exemplos inspiradores de liderança feminina. No dia em que gravamos essa entrevista, fizemos uma brincadeira que faz muito sentido para o contexto da nossa carreira. Ela comentou comigo sobre uma ação que faz com seus colaboradores chamada "chá com Cris", um momento em que ela abre espaço para conversas mais próximas e humanas. Na analogia, chá precisa de uma imersão em alta temperatura para revelar seu sabor; portanto, o colaborador precisa pensar que sabor ele tem quando imerso na água quente, ou seja, como ele reage em situações de tensão e pressão. O bom exercício da liderança acontece da mesma forma: como você se mostra em situações que exigem o máximo de você, sua essência, é que vai indicar qual o "sabor" dessa liderança. Penso muito nessa analogia sempre que estou mergulhando um saquinho de chá na água quente...

Outro padrão de comportamento que precisa ser citado no relato da Cristina é a famosa "síndrome da impostora", a qual Jhenyffer Coutinho também citou em meu podcast. O investimento na evolução de uma carreira pode ser completamente bloqueado por esse sentimento.

## EQUILÍBRIO ENTRE CARREIRA E VIDA FAMILIAR

Quando a pandemia começou, uma de suas imposições foi o modelo de trabalho *home office*, que nos desafiou a reprogramar nossas vidas para uma rotina onde não havia uma divisão clara entre o horário comercial e o "resto do dia". Para muitas mulheres, especialmente as mães, a divisão entre as versões corporativa, pessoal e familiar já era um desafio de longa data. Afinal, qual mãe nunca precisou atender uma ligação da escola durante uma reunião importante? Ou até mesmo precisou sair mais cedo para buscar a criança com febre? Com a pandemia, isso apenas se agravou.

Recordo-me de que, na imposição do ensino remoto, precisei reajustar toda a minha rotina e da minha família, e fui convidada para gravar o especial *Conversas Corajosas* sobre "gestão do caos" para o canal do YouTube da revista HSM Management, na qual sou colunista desde maio de 2020.[8]

Apesar da conversa ter acontecido num momento específico, reconhecer a necessidade de retomar o equilíbrio em momentos de crise cabe para muitas de nós em diversas situações; afinal, o caos pode acontecer por motivos e em momentos distintos, não é mesmo?

---

8. Esta entrevista para o canal da **Revista HSM** no YouTube foi dividida em 3 partes. Link para a Parte 1: https://www.youtube.com/watch?v=doiGIS_3qSo. As duas outras partes estão disponíveis no mesmo canal.

Dessa conversa, destaco aqui alguns recursos para estabelecer o equilíbrio quando você sentir essa necessidade. Um deles é entender qual é o seu melhor horário de produtividade, já pensou sobre isso?

Muitas vezes, nos forçamos a ser produtivas em horário comercial; contudo, nem sempre nossa produtividade biológica está alinhada a esta imposição do universo corporativo. É aí que entra um recurso de suma importância para o resgate do equilíbrio: as renegociações.

Por vezes, adotamos rotinas preestabelecidas ou preconcebidas e só nos damos conta de que elas podem não funcionar (mais) quando algo está fora do eixo. Saiba que uma importante forma de se reequilibrar é renegociando acordos que podem não estar mais funcionando para você.

Outro aspecto essencial para essa "gestão do caos" diária com que muitas de nós lidamos é a conexão com a nossa vulnerabilidade e sua incorporação na nossa dinâmica com abertura para expô-la. Para isso, vou reforçar o exemplo que dei neste especial.

Nos grupos femininos dos quais faço parte, é comum realizarmos reuniões virtuais com filhos que entram na fala para perguntar alguma coisa, mães recentes que amamentam no meio de alguma conversa e em ambientações nem sempre com clima empresarial, como *closets* ou outros cantinhos da casa onde se consiga um momento de silêncio e concentração. Quando isso acontece durante trocas de universos exclusivamente femininos, a aceitação e o acolhimento dessa vulnerabilidade é imediata. Por que será que temos tanta dificuldade em aceitar essas mesmas cenas quando estamos num ambiente mais empresarial ou misto?

Eu acredito que isso aconteça porque ainda temos muitas limitações em aceitar nossas vulnerabilidades e em verbalizá-las – primeiro, para nós mesmas e, depois, para os outros, podendo, então, recuperar limites por vezes perdidos. E você, o que anda escondendo de si mesma nesse sentido?

Essa percepção, que é essencial para o exercício da autoliderança, é o que vai prepará-la para uma rotina de melhor sinergia entre as suas várias versões, com sua família, sua carreira e consigo mesma.

Pensando agora na questão do espaço físico, o modelo de espaços de trabalho compartilhado – também conhecidos como *coworkings* – reinventou a nossa relação com o universo corporativo, e a tendência é que a presença no ambiente de trabalho seja cada vez mais flexível.

Esse tipo de "reconexão" entre a vida pessoal e a familiar no ambiente corporativo é um exemplo de como a energia e a experiência femininas podem agregar positivamente nesse reequilíbrio. Mais adiante, falaremos sobre o modelo de liderança Shakti e como essa pode ser uma ferramenta poderosa de transformação para modelos de atitude e de negócio das empresas.

Aqui, o que quero que você perceba é que uma boa líder precisa estar atenta ao bem-estar dos colaboradores com quem trabalha. Esse foco entre o ambiente externo e interno é importante, e a busca por esse equilíbrio entre os ambientes é fundamental para resultados efetivos de produtividade. Quando a nossa rotina não impõe um modelo de produtividade no "padrão comercial", podemos nos surpreender positivamente com os resultados obtidos ao abrir novas possibilidades, mais flexíveis, às empresas e aos negócios.

O relatório *Women in the Workplace* de 2022 reforça que colaboradores que podem escolher a forma de trabalhar –remoto ou no local – ficam menos esgotados, mais felizes em seus empregos e muito menos propensos a deixar suas empresas.

No caso das mulheres, a opção de trabalhar remotamente é muito importante. Apenas 1 em cada 10 mulheres deseja trabalhar majoritariamente de forma presencial, e muitas mulheres apontam as opções de trabalho remoto e híbrido como um dos principais motivos para ingressar ou permanecer em uma organização (veja a Figura 2.1).

**PERCENTUAL DE HOMENS E MULHERES QUE PREFEREM TRABALHAR REMOTAMENTE, PRESENCIALMENTE OU EM MODELO HÍBRIDO.**

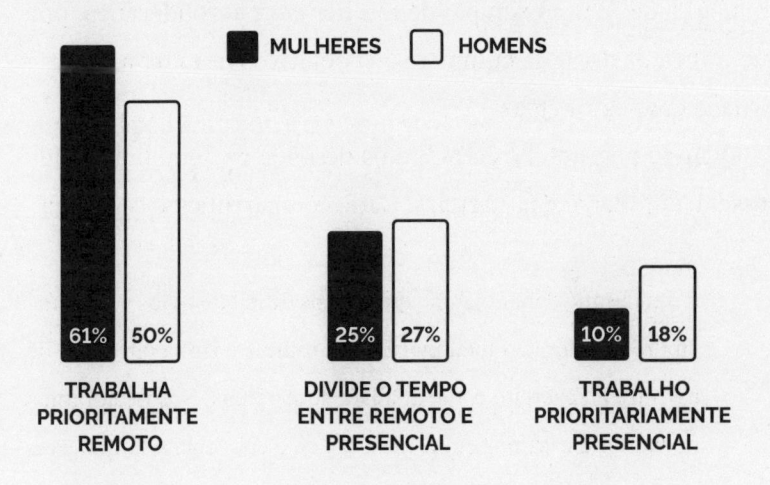

■ MULHERES  ☐ HOMENS

| TRABALHA PRIORITAMENTE REMOTO | DIVIDE O TEMPO ENTRE REMOTO E PRESENCIAL | TRABALHO PRIORITARIAMENTE PRESENCIAL |
|---|---|---|
| 61% / 50% | 25% / 27% | 10% / 18% |

**Figura 2.1** Mulheres são muito menos propensas do que os homens a querer trabalhar prioritariamente no local.

*Fonte*: Women in the Workplace 2022 – Lean In – Mckinsey & Company.

Por vezes, não encontramos esse equilíbrio no universo corporativo, especialmente após a maternidade, e é neste momento que muitas mulheres resolvem empreender.

Tive a oportunidade de entrevistar para o meu podcast a Dra. Carla Sarni, fundadora da rede Sorridentes e presidente da Salus Par – *holding* que abraça a GIOlaser, Docbiz, Sorrident e Olhar Certo. Para concluir a graduação em odontologia em Alfenas (MG), ela precisou vender água e outros produtos na porta da faculdade. É um exemplo de mulher com autoliderança, porque nunca desistiu de cumprir seus objetivos e traçar a própria jornada com estratégias.

Quando perguntei a ela sobre os desafios de equilibrar a vida pessoal, familiar, com a carreira, Carla compartilhou o seguinte:

> É um desafio danado! Acho que o mais difícil de todos nessa vida empreendedora. O meu marido era militar e tinha oito anos de carreira no exército como analista de sistemas. Nós namoramos, noivamos e casamos em 11 meses, e eu o convenci a sair do exército para prestar vestibular de odontologia e vir trabalhar comigo. Por quê? Há 20 anos, ele começou a ir para a clínica comigo e percebeu que eu estava perdendo muito dinheiro por descontrole financeiro. Ele topou a ideia, porque, quando o sonho é compartilhado, fica mais fácil. Vou confessar que o primeiro ano e meio não foi nada fácil, e eu pensei que meu casamento não ficaria de pé. Tínhamos atritos e brigas constantes por causa do trabalho, e eu tinha muita responsabilidade sobre isso, porque invadia a área dele e tomava uma decisão e ele, outra.
> Decidimos começar um *coaching* de casal, e esse autoconhecimento nos ajudou muito a entender que cada um tinha o próprio espaço e

personalidades totalmente diferentes. Nós somos como água e vinho, mas, no fim do dia, a gente se complementa em tudo. A partir do momento em que eu entendi que ele deveria cuidar daquilo que ele dominava e era bom e que eu deveria fazer o mesmo com a minha parte, tudo começou a fluir melhor. Nós tivemos que encontrar a maturidade para entender que a família era maior que o trabalho e que precisávamos encontrar um caminho para trabalhar em harmonia, porque eu amo o que faço e ele também. Isso foi fundamental para chegarmos até aqui.

Para ouvir o episódio completo, acesse o QR Code.

O termo *autoconhecimento* ficou quase banalizado por "gurus" formulados, mas ele é a base para o exercício da liderança. Saber interpretar nossos resultados – inclusive estar atento aos resultados dos outros – e aprender a ler os sinais do nosso corpo é fundamental para compreender os nossos níveis de produtividade.

Quando você está atenta aos próprios sinais, está exercendo sua autoliderança. E conhecer a nós mesmas não requer uma viagem espiritual para o topo de uma montanha gelada; em vez disso, momentos de silêncio e conexão com a nossa mente bastam para atingir essa percepção.

O mundo está mudando, e, com ele, surge uma grande oportunidade de transformação: é o meio externo nos impulsionando a conviver de forma mais equilibrada com nossos meios internos. Sejam eles físicos, no caso das empresas, sejam emocionais e espirituais, no caso dos colaboradores.

## PARTE TRÊS

# REPRESENTATIVIDADE, COMPETÊNCIA E MERITOCRACIA

Meritocracia é um sistema ou modelo de hierarquização e premiação baseado nos méritos pessoais de cada indivíduo. A origem etimológica da palavra vem do latim *meritum*, que significa "mérito", unida ao sufixo grego *cracía*, que quer dizer "poder". A partir dessa definição, é preciso reforçar que "não existe meritocracia em situação de desigualdade". As oportunidades que se apresentam para cada um de nós são distintas, dependendo do ponto de partida, e isso fica mais evidente quando analisamos sob a ótica da desigualdade entre classes. Portanto, se temos que partir do mesmo ponto de largada para alcançar o mesmo ponto de chegada, como podemos apoiar mulheres nesses processos? Como criar estratégias de ferramentas meritocráticas?

Um caminho é trazer oportunidades por meio de ferramentas de equilíbrio, sejam por meio de ações afirmativas, de cotas, de alguns *assessments* que consigam trabalhar as diferenças sociais, de gênero, religiosas, entre outras. Creio que o mais importante seja entender que esse é um assunto complexo, que não se resolve com uma equação matemática, mas utiliza de outras variáveis sociais que não podem ser calculadas e precisam ser compreendidas e debatidas.

Quando as mulheres estão unidas, uma grande potência acontece. Com o advento das redes sociais e da facilidade de contato com muitas pessoas, conseguimos mobilizar, em diversas pautas, uma quantidade de mulheres com poder de decisão e de influência. Por serem segmentados, os movimentos femininos por áreas diversas de atuação podem acolher essas mulheres com suas particularidades e competências.

Já falamos antes sobre o fato de que mulheres não se candidatam para vagas em que não têm 100% das competências exigidas, enquanto homens se candidatam com 60% das características. Isso mostra que não é apenas sobre ser ou não competente para o trabalho, mas sim vencer uma barreira psicológica que faz com que o medo de receber um "não" ou de perder aquilo que já foi conquistado impeça um passo novo. Mulheres em média têm um grau de escolaridade maior do que a dos homens; portanto, o fato de não ter uma competência ou uma habilidade necessária não deveria impedi-la de se candidatar a qualquer vaga.[1]

---

1. *Fonte*: "Mulheres aumentam escolaridade em relação aos homens, mostra pesquisa". **Agência Brasil**. Disponível em: <https://agenciabrasil.ebc.com.br/economia/noticia/2019-06/mulheres-aumentam-escolaridade-em-relacao-aos-homens-mostra-pesquisa>. Acesso em 4 mar. 2023.

Um grande aprendizado que tive sobre os "nãos" que recebemos na vida veio da escritora e empreendedora Jamie Kern Lima, em uma palestra que ela ministrou no evento anual dos acionistas da eXp, empresa para a qual estava trabalhando em 2021. Jamie foi a fundadora da IT Cosmetics e se tornou a primeira diretora mulher da gigantesca L'Oreal – em 108 anos de história –, após ter a sua marca comprada, tornando-se milionária antes dos 40 anos e entrando para a lista da Forbes. Ela conta que fundou a empresa por não encontrar cosméticos que atendessem ao problema de pele que enfrentava e recebeu inúmeros "nãos" até ter seu valor reconhecido pela gigante dos cosméticos.

"A rejeição é a proteção do Universo", disse Jamie em uma de suas palestras, ou seja, devemos reconhecer todos os "nãos" que recebemos até chegar no tão esperado "sim". Durante esse caminho, por muitas vezes nos sentimos sozinhas e sem rumo. É nesse momento que iniciativas femininas, como núcleos, movimentos, mentorias confrarias e grupos organizados podem fazer uma enorme diferença na nossa trajetória.

Uma forma de trabalhar e aplicar esse equilíbrio e modelo de liderança em tempos especialmente difíceis, como foi na pandemia, é por meio de mentorias internas que podem ser uma solução efetiva – e de baixo custo –, sobretudo se estimuladas a acontecer entre cargos e pessoas diversas.

Minha experiência com mentoria começou ainda no ambiente corporativo, quando fui mentoranda pela então diretora jurídica da Tishman Speyer, Haaillih Bittar. Foi uma experiência enriquecedora para a minha carreira e, até hoje, temos uma relação de muita confiança.

Outra experiência importante na minha trajetória profissional, sendo mentoranda, aconteceu em outubro de 2018. Eu havia acabado de voltar da imersão inicial para a minha formação e certificação em liderança Shakti, que aconteceu em San Diego (EUA), quando aconteceu um encontro entre influenciadores do LinkedIn em um evento organizado pelo então diretor de RH do McDonalds, Marcelo Nóbrega. Nesse evento, ele sorteou um acesso à uma plataforma de mentoria chamada Top2You. Na ocasião, eu já estava empreendendo, e seria uma vivência completamente diferente da que havia experimentado no ambiente profissional.

Ao analisar o perfil dos mentores disponíveis ali, um em especial chamou minha atenção: o de Alda Marina Campos, sócia-fundadora da Pares, uma empresa comprometida com desenvolvimento e protagonismo humano, e membro do Conselho da Liga de Intraempreendedores do Brasil. O que chamou minha atenção foi a decisão de Alda de redirecionar a própria carreira em ascensão, como líder de marketing de grandes multinacionais, para se dedicar a ONGS. Naquele momento, fazia todo o sentido para mim.

Agendei minha hora de mentoria com ela e, quando a câmera da sala de reuniões virtual abriu, a sinergia com ela foi imediata! A conexão de propósitos foi tamanha que a convidei para um bate-papo no meu podcast quando ela viesse do Rio de Janeiro à São Paulo. O resultado dessa conversa você pode conferir na íntegra acessando o QR Code a seguir:

Com ela, aprendi que a "célula do empreendedorismo" sempre esteve comigo, mesmo quando estava em uma corporação, e isso se chama *intraempreender*. Desse encontro, nasceu uma amizade que mantemos até hoje, mostrando quão intensa pode ser e quantos frutos podemos colher em uma única sessão de mentoria.

Todas essas experiências foram tão intensas que eu decidi me certificar e aprender técnicas para poder me tornar uma mentora também. Assim, durante 2019, dediquei-me à certificação em *coaching* e mentoria com a Tiara International LLC, uma empresa fundada pela americana Peg Rowe e pela holandesa Andrea Henning, que havia lecionado em uns dos módulos da minha imersão em San Diego.

Foi um divisor de águas para mim, e aprendi ferramentas de desenvolvimento pessoal de muito potencial para o despertar e exercício da liderança pessoal e profissional. Com base nesse estudo, fiz diversas *Jornadas da Liderança*, uma mentoria oline em grupo que fez uma grande diferença para mim e para todas as mentorandas, especialmente durante a pandemia.

## CRIAR INICIATIVAS FEMININAS

No Brasil, a vanguarda do movimento feminino veio com o grupo Mulheres do Brasil,[2] presidido por Luiza Helena Trajano. Criado em 2013 por quarenta mulheres de diferentes segmentos com o intuito de engajar a sociedade civil na conquista de melhorias para o país, o grupo é responsável por mobilizar pautas para as mulheres e para as causas femininas, e defende que a liderança feminina é fundamental para a construção de um país melhor.

Luiza Helena Trajano tem uma liderança muito clara e um grande poder de influência e de tomada de decisões; é uma mulher com uma liderança individual extremamente forte. Quando participei do movimento, há alguns anos, sempre me

---

2. MULHERES DO BRASIL. Disponível em https://www.grupomulheresdobrasil.org.br/nossa-historia/>. Acesso em: jun. 2022.

senti muito acolhida pelo grupo, e, mais que isso, a aproximação com outras mulheres na liderança sempre me empoderou muito. De certa forma, foi essa experiência que despertou em mim a visão de que criar iniciativas femininas fosse importante para construir as mudanças que buscamos ver no mundo.

Acredito que muitos dos movimentos segmentados encontraram forças a partir de macromovimentos como este. Os movimentos setorizados, como Mulheres do Varejo, Mulheres no E-commerce e Mulheres do Property, são ramificações da pauta feminina que levam em consideração as dores específicas de cada setor, de cada mercado, como foi o caso do Mulheres do Imobiliário. A pauta feminina é enorme, e criar iniciativas segmentadas permite o tratamento de cada regionalidade. As dores das Mulheres do Imobiliário de São Paulo são diferentes das do Rio de Janeiro, de Santa Catarina, do Paraná, da Bahia, e assim por diante.

Em 2020, durante a pandemia, vivenciei outra situação muito transformadora envolvendo mentorias – desta vez, como mentora. Recebi uma ligação de Edna Vasselo Goldoni, uma mulher experiente que havia conhecido no grupo Mulheres do Brasil. Ela me fez a seguinte pergunta: "O que você acha de um programa de mentoria gratuito para apoiar as mulheres neste momento tão desafiador?". Eu disse a ela o quanto acreditava no poder transformador da mentoria, e ela me convidou para ser voluntária de seu programa chamado *Mentoria Colaborativa Nós por Elas*. Fui a segunda pessoa para quem Edna perguntou sobre o potencial de um programa como este; a primeira tinha sido Marcelo Nóbrega, de quem havia ganhado aquela experiência na plataforma que conheci a Alda.

Esse projeto é um excelente exemplo de como criar iniciativas femininas é importante para que possamos consertar degraus quebrados e mudar o cenário no qual estamos inseridas. A troca que existe durante uma experiência de atendimento com mentora e mentoranda é transformadora.

O programa *Nós por Elas* continuou com as edições seguintes (fui mentora apenas nas primeiras edições) e, até o final de 2022, já havia impactado a vida de mais de 10 mil mulheres, com mais de quinhentos mentores voluntários.

Essa experiência também foi importante para criar programas que pudessem atender às mulheres do Instituto Mulheres do Imobiliário, do qual sou a fundadora e diretora-presidente – o primeiro programa de mentoria com foco em desenvolvimento de carreira feminina no setor imobiliário brasileiro. O grande diferencial desse projeto, além de aproximar profissionais em qualquer posição com as altas lideranças e executivas desse mercado, é incluir vagas afirmativas para as alunas do programa Capacita, que tem como objetivo integrar mulheres em vulnerabilidade social e financeira ao mercado de trabalho por meio do imobiliário.

A mentoria foi (e ainda é) uma ferramenta de alto potencial de capacitação, inspiração e visão de carreira. Contudo, sem ações afirmativas e intencionais de aproximar diferentes pontas – da alta liderança e de pessoas com experiência profissional às profissionais que precisam de uma visão mais estratégica sobre carreira –, ainda continuaremos aproximando apenas os iguais.

E você? Já pensou em criar ou participar de iniciativas femininas dentro da sua realidade atual?

## O PESO DAS ESCOLHAS

Certa vez, quando estava fazendo um *trekking* na Patagônia, havia um deslizamento de terra em determinado trecho da trilha. Ficamos em dúvida se deveríamos seguir em frente, passando sobre a terra que estava encobrindo as marcas que nos guiavam, ou se procurávamos outra saída. Resolvemos seguir em frente. Quando estávamos quase na metade do trecho, caminhando com muito cuidado numa encosta instável e íngreme, meu parceiro de trilha olhou nos meus olhos com certo medo e disse para voltarmos. Foi só no meio do caminho que percebemos que aquela não havia sido a decisão mais acertada. Voltamos e procuramos outra opção para continuar a trilha e, de fato, havia um trecho mais seguro e com o solo mais estável.

Essa é uma analogia importante para entendermos que, muitas vezes, achamos que estamos no caminho certo – afinal, estamos dentro do percurso já traçado e planejado por nós ou por alguém em quem confiamos (nossos pais, por exemplo). Ocorre que instabilidades, "deslizamentos de terra" e obstáculos aparecem à nossa frente justamente para nos desafiar a fazer novas escolhas. Podemos seguir caminhando em solos instáveis, inseguros e perigosos ou recuar, recalcular a rota e encontrar alternativas mais seguras, mais longas e que nos mostrem um novo rumo.

Escolher mudar é uma responsabilidade. E, geralmente, responsabilidades vêm acompanhadas de um peso que não estamos interessadas em carregar. Escolher fechar os olhos para as situações reais que tenho apresentado até aqui é uma decisão, mas é também uma espécie de fuga, de não querer encontrar novas rotas possíveis para ultrapassar barreiras e obstáculos que aparecem pelo nosso caminho.

Acredito que, dentro da carreira feminina, não querer ver a verdade nem encarar a necessidade de revisar jornadas e rotas é quase um tabu que está diretamente conectado a certo medo de perder o que temos em mãos – um trabalho, um cargo ou um salário, por exemplo.

Uma decisão muito difícil e complexa que precisei tomar na minha trajetória profissional foi a de abrir mão de uma carreira corporativa, em um cargo de gerência sênior, para empreender. Eu tinha o "pacote dos sonhos", com um excelente salário, seguro de saúde, bônus executivo na empresa que eu havia sonhado em estar. Contudo, o fato de não me sentir mais útil dentro daquele contexto e por estar desistindo de passar mais tempo com meus filhos em troca de uma atividade subestimada, frente ao potencial que já havia exercido antes da maternidade, foram gatilhos fundamentais para a tomada de decisão de mudança de rota em direção ao empreendedorismo.

Por muitas vezes, pensei na segurança que aquele modelo tradicional de relação profissional me proporcionava e me questionei sobre a decisão tomada. Sem dúvida alguma, se não tivesse escolhido seguir por essa nova trilha, não estaria aqui, neste livro, compartilhando tantos conhecimentos adquiridos.

São nesses momentos – para ajudar no entendimento de onde estamos pisando, dos caminhos a seguir, do momento em que há necessidade de recalcular rotas e pedir o apoio necessário, seja para continuar, seja para mudar – que os movimentos e grupos femininos exercem um papel de suma importância.

## PILARES DE APOIO: A IMPORTÂNCIA DE MOVIMENTOS E GRUPOS FEMININOS

Com o passar do tempo, os movimentos e grupos femininos ganharam uma importância gigantesca na conquista dos espaços das mulheres dentro e fora das empresas e do ambiente corporativo. Uma nova pesquisa na *Harvard Business Review*[3] descobriu que, embora homens e mulheres se beneficiem de uma rede de colegas bem conectados em grupos diferentes, as mulheres que possuem um círculo íntimo de contatos femininos mais próximos são as que dispõem de uma maior probabilidade de ocupar cargos executivos com autoridade e salários mais altos. Isso porque, para superar alguns obstáculos, é preciso formar conexões estreitas com outras mulheres, que podem compartilhar vivências e experiências em comum – desde descobrir quanto você vale (e ganha, de fato), até reconhecer e trazer seus talentos únicos à liderança, como reforçou a escritora, poeta e ativista norte-americana Maya Angelou: "Toda vez que uma mulher se defende, sem nem perceber que isso é possível, sem qualquer pretensão, ela defende todas as mulheres".

---

3. *Fonte:* ALVES, Soraia. Estudo de Harvard mostra que mulheres e homens não se comportam de forma diferente no trabalho. **B9**. Disponível em: <https://www.b9.com.br/80472/estudo-de-harvard-mostra-que-mulheres-e-homens-nao-se-comportam-de-forma-diferente-no-trabalho/>. Acesso em: 4 mar. 2023.

Jandaraci Araújo, conselheira de administração e ex-subsecretária estadual de Empreendedorismo, Micro e Pequena Empresa e ex-diretora executiva do Banco do Povo, compartilhou comigo uma visão interessante sobre essa rede de apoio no episódio 80 do podcast *Vieses Femininos*:

> Nunca se falou tanto em empoderamento feminino, e já existe quem diga que "essa fase do empoderamento já passou". Não, gente! Nós temos muito o que fazer ainda. Sororidade é rede de apoio, e isso gera autoconfiança. Autonomia.
>
> Desde que o mundo é mundo, as mulheres são unidas. Se pegarmos a Pré-História como exemplo, enquanto os homens saíam para caçar, as mulheres se uniam para cuidar das famílias. Se juntavam para sobreviver. A história está aí para mostrar que, quando as mulheres se unem de verdade, a gente consegue se transformar de forma bastante positiva.
>
> Falar em rede de apoio é falar sobre nos fortalecermos de todas as formas. Uma subindo e puxando a outra. Aqui, não dá para deixar de falar sobre um detalhe importante: a nossa educação patriarcal que recai não só na situação financeira, mas também de violência, que é onde temos que atuar.
>
> O empreendedorismo pode ser uma saída para a violência doméstica e, dentro desse modelo, é fundamental que

tenhamos mais mulheres na política também, para promover esse incentivo e para educar meninas politicamente.

Precisamos ter mais mulheres em todas as posições de liderança, seja na esfera privada ou na pública. A transformação virá daí. No equilíbrio. O equilíbrio precisa existir para que possamos melhorar enquanto sociedade, e isso só vai mudar quando tivermos mais mulheres em posição de poder. Ocupar esses espaços é fundamental.

Sempre que possível, traga mais uma mulher para trabalhar perto de você. Seja indicando, dando uma orientação ou mentoria. Não dispute espaço. O céu é enorme, o sol nasceu para todos.

Para ouvir o episódio na íntegra, acesse o QR Code.

A partir disso, você pode estar se perguntando qual é o papel dos grupos e movimentos femininos dentro desse contexto. Na história brasileira, as três primeiras ondas do feminismo podem ser brevemente descritas, respectivamente, por meio das lutas pelo direito da mulher ao voto, contra a ditadura e por políticas públicas.

Cada uma dessas ondas teve características de posicionamento do perfil das mulheres, sendo, na primeira onda, o movimento encabeçado por mulheres de elite, com um caráter mais liberal. Na segunda onda, o movimento foi concentrado em universidades públicas e associações de mulheres de todos os tipos, desenhando um corpo social mais diverso. Na terceira, houve uma institucionalização do movimento, com o aumento de entidades e grupos organizados, como ONGs, que reforçaram o diálogo com o Estado para a construção de políticas públicas para mulheres.

Há ainda uma quarta onda do feminismo, que começou por volta de 2012 e está centrada no conceito da interseccionalidade e no uso da internet. Isso é importante porque, felizmente, o crescimento do empresariado feminino já é uma realidade. Para tentar acelerar as mudanças no mercado de trabalho, mulheres de diferentes segmentos têm se organizado em coletivos e grupos para reivindicar uma maior representatividade em cargos de destaque e melhores oportunidades de crescimento em suas carreiras. Esse movimento tem ajudado a gerar redes de apoio e oportunidades de *networking* às profissionais.

Frequentando as reuniões e a casa sede do grupo Mulheres do Brasil por quase dois anos consecutivos, aprendi com Luiza Trajano que não devemos tentar reinventar a roda quando o assunto é empoderamento e diversidade de gênero. Isso quer dizer que existem muitas iniciativas, orientações e instituições preparadas para serem importantes aliadas no seu processo de descoberta da autoliderança. Ao final deste livro, você irá conhecer algumas iniciativas e instituições com resumo de suas atuações e QR Code para acessar mais detalhadamente cada uma delas.

## COTAS, AÇÕES AFIRMATIVAS, CONSCIENTIZAÇÃO

Falar sobre igualdade e equidade de direitos requer reconhecimento sobre nossa história injusta e desigual. É preciso partir da premissa de que meritocracia é um conceito possível, desde que todos partam da mesma posição, com direitos e oportunidades iguais.

Dentro desse contexto, precisamos entender que, quando falamos em ações afirmativas, estamos falando de atitudes que precisam ser tomadas de forma consciente por meio de cotas ou de ações direcionadas, pois só assim reparações históricas podem ser feitas.

Orientações e programas específicos para um grupo nos ajudam a reconhecer que existe uma defasagem no processo e que é necessário tomar atitudes e desenvolver atividades direcionadas para aquela causa que precisa de assistência. Isso serve para todas as pautas levantadas pela diversidade racial e pela equidade de gênero. Dessa maneira, cabe ao recrutador a responsabilidade de reflexão e tomada de decisão, além do olhar diferenciado em uma próxima contratação.

Um exemplo desse tipo de modelo de raciocínio foi o projeto Capacita, do Mulheres do Imobiliário, que ofereceu mais de 120 bolsas de estudo para que mulheres pudessem participar do curso Técnico de Transações Imobiliárias (TTI) e, consequentemente, encontrassem novas oportunidades de carreira e de trabalho. As bolsas são destinadas, sobretudo, para as que sofreram impactos na carreira por conta da pandemia. Além de se tratar de um projeto dedicado exclusivamente para o público feminino, direcionamos 50% dessas bolsas para mulheres pretas e pardas, com o apoio de Nina Silva, fundadora do movimento Black Money.

Outro exemplo de ação afirmativa é o programa específico para *trainee* da rede Magazine Luiza, destinado para pessoas negras. Com ele, a empresa tem como foco principal dar destaque e aumentar o número de funcionários negros e negras em cargos de liderança.

É verdade que já existem diversos exemplos de ações e atitudes que podemos promover para tentar minimizar uma desigualdade tão gritante, mas a pergunta que fica a partir disso é: será que todos os profissionais de recursos humanos estão preparados para esse tipo de perspectiva?

Para ter um melhor domínio desse assunto, você precisa compreender a diferença entre as políticas de cotas e as ações afirmativas. Enquanto as ações afirmativas estão relacionadas a atitudes dirigidas, a política de cotas serve como uma ferramenta de reparação histórica para corrigir desigualdades sociais e educacionais. Esse sistema é adotado para definir uma porcentagem de contratações que deve, obrigatoriamente, incluir determinada raça ou gênero. O ponto principal é perceber que nem todas as pessoas tiveram, social e economicamente, o mesmo ponto de partida e, como consequência, não conseguirão alcançar o mesmo ponto de chegada se as circunstâncias não estiverem equilibradas.

Não podemos achar que uma mulher preta, da periferia, de baixa renda e que nunca teve acesso a melhores oportunidades de estudo chegará a um alto cargo de gerência ou direção só por meio da meritocracia. Ela até pode conseguir isso, mas tenha a certeza de que o esforço para chegar lá terá sido infinitamente maior quando comparado a uma mulher branca de classe média, por exemplo.

Luana Genot, escritora, fundadora e diretora-executiva do Instituto Identidades do Brasil, na entrevista que deu ao podcast

*Elas Trabalham*, reforça a importância de debater esse tema contemplando sempre o contexto em que vivemos, especialmente quando nós, mulheres, nos culpamos.

> Aquele dia que estamos mais cansadas e nos olhamos com culpa, esquecendo que o contexto está te fazendo ter três empregos, cuidar de seus dois filhos e ainda ter que cuidar de toda uma rede – que deveria ser de apoio – mas que também precisa apoiar.

Para ouvir o episódio na íntegra, acesse o QR Code.

Vivemos frequentemente nos sentindo culpadas e não contemplamos o contexto histórico que recai sobre nós com acúmulos de tarefas e múltiplas jornadas. Além desse exemplo do contexto social, existem outras camadas, como a questão racial, geográfica e familiar. Agora, reflita e me diga honestamente: existe meritocracia nesse contexto?

## IGUALDADE *VERSUS* EQUIDADE

Por mais similares que as palavras pareçam, igualdade e equidade têm significados bastante distintos. Enquanto a igualdade parte do princípio de que todas as pessoas estão em um mesmo nível, saem de uma mesma linha de largada e tem as mesmas condições, a equidade expressa que cada indivíduo possui necessidades diferentes, pois partem de distâncias e locais distintos.

Mantendo esses conceitos em mente, vamos imaginar, por exemplo, que uma criança, um adulto padrão e um adulto com deficiência vão andar de bicicleta. Eles têm diferentes estaturas, estruturas corporais e condições físicas. Em uma situação de igualdade, cada um receberia uma bicicleta igual, do mesmo modelo e marca, mantendo, assim, uma posição igualitária entre todos. Contudo, eles podem encontrar dificuldades e até mesmo se machucar se a bicicleta não for adequada. Pessoas diversas precisam de soluções diversas; para esse caso, a criança e o adulto padrão precisam de uma bicicleta com o aro ajustado à sua altura e a pessoa com deficiência, de uma bicicleta adaptada. Essa é a estrutura do pensamento e da ação ligada à equidade.

Consegue perceber, com esse exemplo, como existem necessidades individuais distintas? Quando falamos de liderança feminina e da conquista da mulher nesses espaços, precisamos olhar para essas necessidades particulares e buscar ferramentas para oferecer condições justas e iguais.

O que acontece hoje no mercado de trabalho de modo geral é que saímos de uma largada extremamente desigual, pois muitas empresas se ancoram nos fundamentos primários da meritocracia e ainda teimam em não debater esses assuntos internamente. Assim, quem escolhe não enxergar essa diferença entre igualdade e equidade acaba por ficar defasado em relação a outros mercados e setores da economia que já discutem isso há mais tempo.

Alguns países, como Islândia, Finlândia e Noruega, estão bem avançados no tema e entendem a equidade como fundamento básico para reequilibrar a sociedade, trazendo ações concretas que visam atender a pluralidade social de um mundo que contempla mais de 8 bilhões de pessoas.

A força feminina está em desvantagem, e é preciso colocarmos mais peso, mais força, mais holofote, mais ações afirmativas (como cotas, programas, projetos e grupos) para que a mudança seja mais rápida e efetiva. Por outro lado, em setores como o de tecnologia, por exemplo, a pauta da presença feminina vem sendo debatida há mais tempo e hoje conseguimos ver iniciativas em empresas que trazem para a mesa outras pautas tão importantes quanto, como a inclusão LGBTQIAP+ e PcD (pessoa com deficiência).

PARTE QUATRO

# LUCRO, INOVAÇÃO E PRODUTIVIDADE

Em uma entrevista feita com os alunos dos meus cursos "Mulheres na Liderança", disponíveis na plataforma LinkedIn Learning, perguntei aos participantes se eles acreditavam que um ambiente mais diverso poderia proporcionar maior lucratividade, inovação e produtividade. A resposta foi afirmativa para 100% dos entrevistados.

Entre os depoimentos, uma aluna disse que, após a conclusão, não teve medo de expor sua opinião sobre um assunto em uma reunião 99% masculina: "Consegui ser ouvida e acataram o que dei como sugestão. Me senti confiante."

Um dos alunos mostrou sua percepção após o curso dizendo que tem buscado obter ainda mais conhecimento para atuar como aliado dentro da causa: "Acredito que, apesar de não ser meu lugar de fala, se faz necessário utilizar os privilégios que tenho, ou que venha a ter, para dar voz a quem tem o lugar de fala; mais que isso, para dar visibilidade para que essas vozes sejam ouvidas".

Outra aluna relatou que o impacto em sua postura profissional, após a conclusão, foi de insistir. Ser um exemplo sobre o tema para, assim, incentivar outras mulheres: "Sou mãe, profissional, universitária, dona de casa, e isso não me faz menos; pelo contrário, mostra que podemos ser e fazer o que quisermos. Nosso dinamismo é capaz."

Um exemplo nacional que reforça a diversidade de gênero, especialmente quando há identificação da marca com o retorno financeiro, é o grupo Arezzo&Co. O grupo tem três pilares essenciais no conceito de sustentabilidade e, no pilar de pessoas empoderadas,[1] desenhou uma estratégia robusta de diversidade e inclusão que tem como base a sensibilização da liderança e de todo o time, com ações afirmativas e estabelecimento de metas. Atualmente, mais de 50% dos cargos de diretoria, supervisão, coordenação e gerência são ocupados por mulheres, que também representam 60% do quadro de colaboradores da Arezzo&Co. O grupo possui o nível mais alto de avaliação da Bovespa em Governança Corporativa do Novo Mercado. Em 2022, a companhia foi premiada pelo quinto ano consecutivo como *America Executive Team* pela Institutional Investors.

A seguir, vou explicar a você por que todas essas afirmações são importantes para que possamos compreender o papel da

---

1. Para conhecer esses pilares, acesse: https://www.arezzo.com.br/sustentabilidade.

diversidade em um ambiente corporativo e profissional, além de dar algumas dicas de como você pode começar a criar um ambiente mais diverso dentro da empresa ou organização em que atua.

## TOMADA DE DECISÃO

Se na mesa onde as decisões são tomadas não existir uma representatividade da sociedade ou do público consumidor, pode ter certeza de que serão tomadas as decisões erradas. Trago aqui um exemplo do mercado imobiliário: por meio de uma pesquisa elaborada pelo Instituto Mulheres do Imobiliário em parceria com a Behup, sabemos que a mulher é a grande influenciadora na decisão de compra de imóveis. Sendo assim, dentro desse mercado, se você vai tomar uma decisão sobre um produto ou uma estratégia de compra e venda de imóvel e não tem uma mulher na mesa de decisões, essa venda poderá ser perdida devido à falta de olhar da sua principal influenciadora e consumidora. Para mim, essa representatividade em ambientes onde as decisões estratégicas são tomadas é fundamental para que entendermos a necessidade da sua persona consumidora.

Se a composição social do Brasil é de 52% de mulheres e 56% de negros e pardos,[2] será que levar essa representatividade para onde as decisões são tomadas não é importante? É claro que sim. Isso importa porque é nessa composição que você consegue conversar com a sua audiência, com o seu público-alvo, com o receptor da sua mensagem.

Em um dos painéis do SOMA – evento anual realizado pelo Instituto Mulheres do Imobiliário cujo objetivo é oferecer uma programação com quase a totalidade de palestrantes e painelistas mulheres que atuam nesse setor –, falamos de racismo imobiliário com três palestrantes pretas: Ana Minuto, LinkedIn Top Voice & Creator, cocriadora da Potências Negras, especialista em diversidade e inclusão e CEO da Minuto Consultoria; Sauanne Bispo, especialista em experiência do consumidor e consultora de diversidade para o YouTube; e Anna Lyvia Ribeiro, advogada, presidente da comissão de direito da OABSP e conselheira do Instituto Mulheres do Imobiliário.

---

2. *Fonte*: "Negros representam 56% da população brasileira, mas representatividade em cargos de decisão é baixa". **Agência Senado**. Disponível em: <https://www12.senado.leg.br/noticias/videos/2020/08/negros-representam-56-da-populacao-brasileira-mas-representatividade-em-cargos-de-decisao-e-baixa>. Acesso em 3 mar. 2023.

Em determinado momento, Ana Minuto provocou a plateia com a seguinte pergunta: "Para quantas mulheres pretas vocês venderam imóveis no último ano ou na sua carreira?". Muitas pessoas ali disseram que sequer tinham parado para pensar nisso. Ela ainda completou: "Vocês estão deixando dinheiro na mesa! Porque tem muita mulher preta querendo comprar imóvel, e vocês não estão dando atenção para essa audiência!".

Essa provocação entre representatividade e lucratividade nos faz entender que ali existe uma consumidora, um nicho que consome em diversos mercados, mas, quando não há pluralidade expressa pensando em estratégia, a conexão com esse público-alvo passa a ser praticamente inexistente .

Se perceber como responsável por essa mudança é fundamental para sua atuação como líder, e esse entendimento parte do olhar para a sua equipe, para quem está responsável pelo planejamento, desenvolvimento de produtos, comunicação, marketing, corpo de vendas... enfim, todas as etapas que envolvem o seu negócio. No caso de atuar como autônoma, como ocorre com parte das corretoras de imóveis, advogadas e arquitetas, por exemplo, refletir sobre a sua conduta diante de parceiros e clientes diversos é uma boa forma de começar.

Tornar-se uma agente de transformação para uma atuação consciente sobre quem você é e quem você pode impactar é um processo que acontece à medida que você incorpora o entendimento de por que o tema é relevante para a sua atuação e a da sua empresa, quais são os impactos na econômica e na sociedade e a forma como você engajará mais pessoas a incorporar uma atitude inclusiva, fazendo de você uma aliada à causa da diversidade.

Para isso, é fundamental saber como se autoliderar, entendendo sobre seus limites; daí a importância de definirmos o "lugar de fala", conceito que ficou mais conhecido e se popularizou no Brasil com a escritora Djamila Ribeiro, que remete esse entendimento ao local de fala do locutor, qual a sua realidade social, financeira e pessoal ao proferir um discurso sobre determinado tema.

Por exemplo, posso ser uma aliada à causa da mulher negra agora, mas, sendo uma mulher branca, jamais poderei falar por uma mulher negra. Perceber meu lugar de fala, como mulher, empreendedora, mãe e profissional do mercado imobiliário, foi essencial para saber como me posicionar diante de meus incômodos e naquilo que eu poderia defender com propriedade por ser quem sou.

Faça essa reflexão e reconheça qual é o seu lugar de fala, qual voz é sua e que você tem total autoridade para usá-la.

## AMBIENTE DIVERSO

Neste momento da leitura, devemos ter bem claro para nós que organizações lideradas por grupos onde há diversidade e equidade apresentam melhores resultados financeiros. Agora, é preciso reforçar que a diversidade pode curar ambientes corporativos adoecidos, e esse é um remédio que está ao nosso alcance.

A liderança define o ritmo e inspira mudanças; para isso, agir com transparência é fundamental. Além da equidade de gênero em cargos de decisões, todos os líderes devem ser catalisadores da mudança.

Por exemplo, empresas da América Latina que adotam a diversidade tendem a superar outras empresas em práticas-chave de negócios, como inovação e colaboração, e costumam ter ambientes de trabalho mais felizes e uma maior retenção de talentos, refletindo uma saúde organizacional mais sólida quanto aos resultados, segundo o relatório da consultoria internacional Mckinsey & Company.[3]

O estudo foi o primeiro dessa natureza no continente e demonstra com clareza a relação entre a existência de diversidade

---

3. *Fonte*: **Diversity Matters: América Latina**. Disponível em: <https://www.mckinsey.com/br/our-insights/diversity-matters-america-latina>. Acesso em: 4 mar. 2023.

na gerência sênior e a saúde e performance das empresas, além do forte vínculo entre diversidade e sucesso corporativo.

Ainda assim, mulheres e grupos minoritários continuam consideravelmente sub-representados nas posições de liderança das empresas latino-americanas, reforçando uma problemática social sobretudo em países subdesenvolvidos e onde há, historicamente, uma cultura orientada para o homem como o principal provedor e responsável pela família. Sustentar a representatividade feminina pelo lucro é importante, mas não o suficiente.

Como vimos anteriormente, a sensação e a realidade de sermos "a única na sala" é uma problemática real e que deve ser combatida, colocando em risco ambientes com baixa diversidade de gênero, pois esse apoio é fundamental para diminuir o risco de situações de assédio, por exemplo.

Além disso, marcas e empresas precisam se identificar com o público feminino. Lembro de uma provocação feita por Dani Junco, CEO da B2Mamy, em um painel de que participamos juntas promovido pelo Instituto Mulheres do Varejo. Dani contou sobre uma conversa que teve com um empresário para mostrar a importância das mulheres no consumo: "Você tomou banho antes de vir para essa reunião?", ela perguntou, e ele respondeu de forma positiva. Então ela continuou: "Você escovou os dentes hoje de manhã?". E ele afirmou novamente. Aí ela concluiu:

"Qual é a marca do shampoo e da pasta de dentes que você usou?" Foi quando ela o fez perceber: ele não sabia, porque quem comprava esses itens da casa era a mulher.

Pois bem, o mesmo acontece no setor imobiliário quando mostro o nosso papel como influenciadoras, consumidoras e proprietárias. Esse reforço é necessário para que as pessoas que estão em cargos estratégicos tenham a percepção de como a opinião feminina é essencial na jornada de identidade de marcas.

## GOVERNANÇA AMBIENTAL, SOCIAL E CORPORATIVA (ESG)

É preciso sair da teoria e colocar em prática o discurso e a mensagem que uma marca passa. Além disso, levar as mulheres para cargos estratégicos e de liderança é colocar referências que possam inspirar muitas de nós sobre um caminho possível. É também criar um exemplo que mostre onde podemos estar, e este é o momento em que vivemos. Esse "espírito do tempo", também conhecido como *zeitgeist*, orienta decisões como a de fundos de investimento – que hoje só olham para empresas com equidade ou com programa de inclusão da mulher, atitudes alinhadas com o pilar social e o "S" da sigla ESG (*environmental, social and governance*, ou governança ambiental, social e corporativa), que está tão em alta atualmente.

Entre maio de 2020 e maio de 2022, as buscas pelo termo ESG se multiplicaram em 10 vezes no Brasil, segundo dados do Google Trends. Apesar de 83% dos líderes executivos acreditarem que programas do tipo resultem em rendimentos maiores para acionistas em cinco anos, a sigla ainda segue desconhecida por grande parte dos profissionais.[4]

Em uma pesquisa que realizei com minha audiência no LinkedIn, por exemplo, 24% das pessoas afirmaram não conhecer a sigla, 34% sabem o que é mas não sabem como aplicar, e 42% sabem o que significa e sua aplicabilidade. Isso revela que mais da metade da amostra não faz ideia de sua aplicabilidade.

Fato é que os consumidores estão buscando por empresas e marcas cuja atuação se dá de forma responsável, e aquelas que não se posicionam com relação a esse tópico correm o risco de ser preteridas pelos concorrentes. Por isso, reforço a importância de você estar atenta a todas essas informações na sua jornada pela liderança.

Promover ambientes diversos com equidade de gênero não só pode potencializar os investimentos, como também pode criar senso de pertencimento. Foi o que mostrou o relatório

---

4. *Fonte*: **McKinsey & Company**. Disponível em: <https://www.mckinsey.com/br/our-insights/o-esg-chegou-na-sala-do-ceo>. Acesso em: 4 mar. 2023.

*Getting to Equal* 2019 da Accenture ao identificar que a cultura da igualdade impulsiona a inovação e que um ambiente fortalecedor, com um alto senso de pertencimento e aprendizado, é um ingrediente essencial.

Por fim, mas não menos relevante, há a questão do tempo e da justiça social atrelados ao tema. Em março de 2021, o Fórum Econômico Mundial calculou que, nos últimos 12 meses, o tempo necessário para alcançar a paridade salarial passou de 99,5 para 135,6 anos. O Brasil ocupa a 93ª colocação entre 156 países no item equidade salarial para trabalho similar. Todavia, homens e mulheres ganhando o mesmo valor para exercer a mesma função é uma questão de justiça social, como já falamos; daí a importância de nos engajarmos cada vez mais no desenvolvimento da autoliderança, para que possamos efetivamente promover mudanças.

## EQUIPE MOTIVADA

De que modo uma liderança mais feminina pode motivar a sua equipe? Essa é uma pergunta importante para quem quer aprender a colocar em prática a sua autoliderança.

Uma análise mais detalhada das empresas consideradas "vencedoras da diversidade" revela o que pode impulsionar o progresso real e motivar ainda mais uma equipe a alcançar objetivos avançados. *Diversidade vence*[5] é o terceiro de uma série de relatórios da consultora McKinsey que investiga *cases* de negócios para a diversidade, seguindo o *Por que a diversidade é importante* e *Entregando por meio da diversidade*. Esses relatórios são importantes porque mostram não apenas que o tema permanece sólido, mas também que a relação entre a diversidade nas equipes executivas e a probabilidade de desempenho financeiro superior se fortaleceu com o tempo - e rentabilidade é um importante fator motivacional nas empresas.

Um exemplo disso é que as organizações com postura avançada em diversidade de gênero em equipes executivas mostraram 25% mais probabilidade de ter lucros acima da média do que as empresas que não tinham. Além disso, quanto maior a representação, maior a probabilidade de desempenho superior. Isso fica evidente quando os resultados mostram que as empresas com mais de 30% de mulheres executivas tinham maior chance de superar empresas em que esse percentual era inferior a um terço.

Lembre-se de que "você não pode ser o que não pode ver". Esse volume de, no mínimo, um terço é o que precisamos para

---

5. Disponível em: <https://www.mckinsey.com/~/media/mckinsey/featured%20insights/diversity%20and%20inclusion/diversity%20wins%20how%20inclusion%20matters/diversity-wins-how-inclusion-matters-vf.pdf>. Acesso em 4 mar. 2023.

começar a exercer a representatividade em uma sala de reuniões, em uma empresa, em um espaço político ou em qualquer ambiente em que precisemos ser ouvidas.

Antes mesmo de iniciar o movimento de reunir mulheres que atuavam no mercado imobiliário, tive uma conversa com uma gerente de uma das principais construtoras de imóveis populares do país – o que posso dizer que foi o embrião do Instituto. Ela, carioca, tinha vindo a São Paulo para uma conferência e para realizar treinamentos, e desviou a agenda para tomarmos um café. Após mais de duas horas de conversa, na qual buscava entender como poderíamos ter sinergias, questionei de forma bem direta: "Você se vê diretora nesta empresa em um cenário de médio ou longo prazo?". E a resposta foi enfática e objetiva: "Não". Ela conclui com base num dado muito simples: o de não haver, na época, mulheres em cargos de direção na referida empresa. Aquele exercício, que poderia ter sido uma simples provocação, foi o estopim para o início do grupo de mulheres atuantes num setor essencialmente liderado por homens.

Para citar algumas atitudes que possam motivar você, sua empresa e sua equipe, vamos conhecer e analisar cinco áreas de ação para empresas que atuam pela equidade e inclusão, e compreender como e por onde começar.

## 1. A garantia da representação de diversos talentos

Aquela dor que ouvi durante o café com a gerente carioca, sobre não enxergar o seu futuro dentro da empresa em que ela atuava, é muito mais comum do que pensamos, e esse ainda é um impulsionador essencial da inclusão. As empresas e suas lideranças devem se concentrar em promover diversos talentos para funções executivas, gerenciais, técnicas e de conselho; mas formar essas lideranças é um processo que vai além de ler este livro: está no ato de colocar em ações e programas de incentivo para desenvolvimento de talentos diversos.

## 2. O fortalecimento da responsabilidade da liderança

Um jargão do mundo corporativo de que eu tenho certa repulsa é o *top down*, ou "de cima para baixo". Por vezes, ele me soa como "goela abaixo". Contudo, certas decisões de mudanças precisam, de fato, acontecer por meio de líderes e gerentes de negócios estratégicos do topo, que devem ficar no centro do esforço pela inclusão e diversidade, indo além da função de RH ou dos líderes de grupos específicos que atuam com o tema.

Isso significa ir além dos grupos de trabalhos e comitês específicos, dinâmicas por vezes utilizadas como estratégias mais de "*greenwashing*" do que de mudanças efetivas. Veja, não quero invalidar essas iniciativas, que são fundamentais e efetivas no engajamento de times e atuações de áreas distintas e cargos diversos. No entanto, sem a adesão da liderança estratégica, que deve não apenas fortalecer as capacidades de inclusão de seus gerentes e executivos, mas também fazer com que todos os líderes prestem contas do progresso sobre o tema, o processo para implementação e apuração de resultados pode ser mais lento ou até mesmo ineficaz.

## 3. A permissão da equidade de oportunidades por meio de justiça e transparência

Quero compartilhar um sentimento que vivenciei quando fui negociar uma proposta com uma empresa bem consolidada e com conhecido portfólio de produtos no mercado imobiliário. Em determinado ponto da conversa, quando estávamos elaborando o formato comercial, ouvi de seu sócio-fundador a palavra "meritocracia" para propor algo como uma participação nos resultados de determinado projeto. Por conhecer o real significado da palavra, na hora passei a elencar mentalmente todas as diferenças de largada que aquela cena representava para mim, a começar por estar conversando com o sócio de uma das principais empresas do setor e eu representando uma associação sem fins lucrativos. Claramente partíamos de pontos distintos. Esta dinâmica de pensamento pode ser repetida em momentos diversos e em situações distintas, o que nos ajuda a visualizar que, para avançar em direção a uma meritocracia justa e coerente, é fundamental que as empresas garantam condições equitativas de promoção e oportunidade.

Esse é um exercício de liderança e uma mudança de paradigmas muito importante, e, por isso, peço que você dê uma pausa agora e respire fundo. Procure estar atenta para absorver o conceito com a profundidade que ele merece.

O conceito de meritocracia é a base para a esmagadora maioria das empresas justificar suas contratações e promoções. Agora, é de fundamental importância que você saiba que a meritocracia só pode ser praticada entre pessoas que partem do mesmo ponto de largada. E é por isso que, para o exercício mais coerente desse processo, as corporações devem implementar ferramentas analíticas para mostrar que as promoções, os processos de pagamento e os critérios por trás deles são transparentes e justos.

### 4. O enfrentamento às microagressões

Piadinhas corporativas podem camuflar comportamento tóxicos e microagressões, e as empresas devem manter uma política de tolerância zero para comportamentos discriminatórios, como *bullying* e assédio, ajudando ativamente gerentes e funcionários a identificar e lidar com essas situações.

A motivação para isso passa, essencialmente, pelo simples respeito ao outro, um conceito tão primordial, porém cada vez mais esquecido e atropelado por pessoas que preferem "perder o amigo do que perder a piada".

É preciso estabelecer normas para um comportamento aberto e acolhedor, e também se deve pedir aos líderes e funcionários que avaliem uns aos outros sobre como estão vivendo de acordo com esse padrão. Para isso, canais seguros de denúncia são essenciais.

Um conteúdo que pode complementar esse item é a cartilha elaborada para conscientização e combate ao assédio moral e sexual no ambiente de trabalho, realizada pelo Instituto Mulheres do Imobiliário em parceria com a advogada e professora doutora em administração Alice Oleto. Use o QR Code para ter acesso ao conteúdo e se aprofundar no tema e em sua prevenção.

## 5. Promoção do pertencimento por meio do apoio inequívoco à diversidade

No final do ano 2022, um termo que ficou muito falado no ambiente de negócios foi o *quiet quitting*, ou "demissão silenciosa". O fenômeno se refere a profissionais que limitavam suas tarefas às estritamente necessárias dentro da descrição de seu trabalho, o *job description*, evitando longas jornadas, horas extras e sobrecarga. Esse movimento, que ganhou até trilha sonora com o hit da Beyoncé, *Break my Soul*, relembrou que as empresas devem construir uma cultura que motive todos os funcionários a trazer tudo de si para o trabalho. Além disso, as lideranças devem comunicar e abraçar, visivelmente, o próprio compromisso com a causa, construindo uma conexão com uma ampla gama de pessoas e apoiando grupos de funcionários para promover um senso de comunidade e pertencimento. Nesse sentido, a metáfora de que uma empresa é um organismo vivo faz todo sentido para compreender que a motivação está por trás de todas as ações que acontecem dentro dela.

## OS PRÓPRIOS LIMITES

Ao longo do livro, mencionei diversas vezes a importância da autoliderança. Agora, quero mostrar a você que a autoliderança é sobre entender quais são os nossos *valores inegociáveis*. Saber com quem eu vou me aliar, com quem não vou me aliar ou até mesmo com quem eu não vou me aliar e, apesar disso, ainda assim topar sentar à mesa para conversar. Essas são visões importantes que a gente precisa ter na nossa carreira para poder se preparar para enfrentar os obstáculos diversos que surgirão.

Todos os dados, todas as informações, todos os exemplos e todas as histórias que tenho trazido até aqui são para que você tenha bagagem, referências e ferramentas para que possa exercer a sua autoliderança. É impossível falar sobre liderar sem que, antes disso, você tenha clareza sobre quais são os seus valores. Sem essa compreensão de fatos, como nós vamos responder às questões difíceis, como um assédio ou uma situação de *mansplaining* descarada?

Não quero que você ignore atitudes ou que gaste saliva tentando explicar o que deveria ser óbvio. Também não acredito que precisamos educar todo mundo a todo tempo. Autoconhecimento e autoliderança é saber em qual momento você é responsável por passar conhecimento e em qual momento a pessoa já deveria saber reconhecer as próprias ações. Sei que ainda existe a cegueira do outro, mas como é possível, com todas as pautas que têm sido cada vez mais discutidas e tanto acesso à informação, alguém em um cargo de altíssima liderança ou chefiando uma operação global alegar que não sabia de determinada informação? Essa desculpa já não cabe.

Aprenda a perceber as oportunidades quando elas aparecem em tempo real. Não perca a chance de se colocar, de falar, de saber se posicionar e de encontrar o melhor meio e momento de emitir sua opinião. O segredo não é apenas ser estratégica, mas ter um pouco mais de qualidade nessa troca, saber com quem está se fazendo essa troca.

Dentro do ambiente da liderança feminina, muitas vezes as mulheres não têm uma troca equânime. Elas estão acostumadas a entregar muito e receber pouco em troca. Financeiramente, é o mais mensurável, mas sabemos que isso se aplica a muitas áreas em nossa vida.

Valores inegociáveis são pontos sobre os quais não há flexibilização. Eles vão ao encontro de suas crenças e de seus desejos pessoais. Quero que você perceba que isso serve tanto para sua carreira, como para sua vida inteira.

Aprenda quais são os seus limites, porque é a partir dessa linha que virá o seu autoconhecimento. O limite é como um contorno, e é com ele que nós conseguimos compreender quando começa e quando termina uma relação.

Quando damos nomes às coisas, definimos o contorno e enxergamos o limite. Por exemplo, se antes, dentro do contexto corporativo, nós não sabíamos o que era *mansplaining* e achávamos que se tratava apenas de mais um homem sendo rude, agora sabemos que essa postura tem nome; ou seja, ela ganha um contorno.

Esse processo de autoconhecimento passa pela construção dessa narrativa. Em outras palavras, é dar contorno para o assédio moral, para o assédio sexual, para as microagressões e para as ações de equidade.

PARTE CINCO

# IDENTIDADE DE LIDERANÇA

(COMO MANIFESTO MINHA LIDERANÇA)

A definição de liderança é frequentemente revisitada, sobretudo pelos veículos que abordam reflexões acerca do universo corporativo. Apesar de poder ser interpretada apenas como uma forma de condução ou direção de pessoas, acredito que liderar é, acima de tudo, ter atitudes conscientes que motivem as pessoas – sejam elas parte da sua equipe, da sociedade em que você vive ou, até mesmo, da rede social em que você se manifesta.

Em 2018, quando resolvi aprofundar meus estudos no modelo de liderança Shakti, desenvolvido por Nilima Bhat e Raj Sisodia – e sobre o qual falarei mais adiante –, minha *ilha de conhecimento* aumentou consideravelmente. Para o autor do termo, Marcelo Gleiser,[1] o conhecimento é como uma ilha cercada pelo mar "do que não conhecemos". Toda vez que ampliamos o nosso conhecimento, nossa área de não conhecimento também amplia proporcionalmente.

---

1. GLEISER, Marcelo. **A ilha do conhecimento**: Os limites da ciência e a busca por sentido. Rio de Janeiro: Record, 2014.

A Liderança Shakti é um conceito que fala, na essência, sobre o equilíbrio entre as forças femininas e masculinas no ambiente corporativo; essa é a base da minha formação no tema da liderança feminina. O modelo é baseado em cinco pilares essenciais: presença, energia, integridade, flexibilidade e congruência.

Minha intenção aqui é que você perceba que hoje existem lideranças conscientes e que procuram ter uma visão mais humanizada sobre o futuro. Além disso, quero que perceba também que a temática da liderança é, sim, relevante para você, independentemente da posição que você ocupa até mesmo quando está empreendendo.

O autor e palestrante Simon Sinek é outro exemplo de alguém que busca compreender o que é a liderança em tempos modernos. Ele ficou muito conhecido após sua palestra para o TED, *Como grandes líderes inspiram ação*, e pelo *bestseller Comece pelo porquê*, além de outros livros. Para assistir ao TED, acesse o QR Code.

Em uma de suas palestras, Sinek descreve a enorme diferença que existe entre liderança e gerência, apesar de parecer algo evidente entre a percepção, compreensão e ação.

Durante meu curso pela Shakti Fellowship, tive uma aula que foi marcante para meu processo de entendimento sobre o tema com a Dra. Lorri Sulpizio, diretora da Academia de Liderança Consciente da San Diego University e facilitadora certificada Dare to Lead™. Por meio de dinâmicas em grupo, Sulpizio foi capaz de mostrar em nossos corpos, literalmente, a diferença entre exercer poder "com" o outro ou "sobre" o outro. Imagine a seguinte dinâmica e, se possível, a reproduza você mesma: de costas, com outra pessoa, apoie o peso do seu corpo nas costas de quem está realizando a experiência com você. Busquem uma posição de equilíbrio, em pé, sem realizar qualquer tipo de esforço sobre o corpo do outro. Agora, imprima 10% de toda a sua força contra a outra pessoa, que deverá fazer o mesmo. Perceba como vocês buscarão um equilíbrio para permanecerem de pé. Agora, voltem à posição inicial e repitam o movimento, porém, desta vez, com 90% de toda a sua força. Nosso objetivo será empurrar a outra pessoa com as costas, com muita força, não é mesmo? Da mesma forma, se não buscarmos o ponto de equilíbrio, usando o apoio da base com os pés no chão, cairemos. Com isso, entendemos que, por vezes, 10% de nossa força pode representar muito mais – ou muito menos – para a outra pessoa. Por esse motivo, saber dosar nossa energia e a forma como lideramos os outros é a principal lição que devemos extrair dessa desse exercício. Ela também conversou comigo para meu podcast e explicou que liderança é algo que você é, e não algo que você faz. Segundo ela, "Você ser o chefe, o gerente, governador ou primeiro-ministro não significa que está exercendo a liderança. A boa liderança pode endereçar um problema que não tem uma solução clara."

Para assistir à entrevista completa, acesse o QR Code.

Tanto Sinek como Sulpizio me ajudaram a compreender o real papel de uma líder, aquela que consegue visualizar e encorajar o futuro, ajudando a avançar no presente. Dentro dessa postura, existe a crença de que há algo melhor do outro lado, sendo o papel do líder construir a ponte que liga o nosso presente a esse futuro possível. É a atitude do líder que mostra ser algo possível de se alcançar.

Esse é um movimento importante que busca trazer para a consciência o que é, de fato, liderar. Não é apenas saber indicar um caminho ou uma direção: é também estar consciente de que essas atitudes têm impacto direto sobre muitas pessoas e setores. Quem lidera de maneira consciente, enxerga um futuro possível e sabe como construir o caminho para alcançá-lo.

Os últimos anos têm sido muito desafiadores quando paramos para pensar sobre o futuro. Por isso, precisamos analisar as ferramentas que possuímos para construir os caminhos possíveis e conquistar aquilo que planejamos e sonhamos.

Para liderar a partir do poder verdadeiro, ou seja, de quem você é verdadeiramente, você precisa entender onde está sua energia vital e como acessá-la, controlá-la e manifestá-la no mundo.

A compreensão dessa energia vital ficou mais clara para mim quando ouvi um discurso da Oprah Winfrey para o evento *Power of Women da Variety*,[2] apresentado pela Lifetime, quando recebeu o reconhecimento por seu trabalho de caridade com a Oprah Winfrey Leadership Academy Foundation. Nesse discurso, Oprah comenta que mudou sua visão sobre força e poder por volta de 1989, quando leu o livro de Gary Zukav, *A morada da alma*, onde há a definição de "poder verdadeiro" como algo que nunca pode ser tirado de você. Não é sobre a sua aparência, a quantidade de seguidores, a fama, o tamanho da sua casa ou quanto dinheiro você tem. O poder autêntico acontece quando sua personalidade serve à essência da energia da sua alma.

Existe uma potência nessa frase que até paralisa. Como fazer para se conectar com a essência da sua alma e exercer sua liderança com base na autenticidade do seu poder? Pense nesse processo em três etapas essenciais:

---

2. Para assistir ao Oprah's Tearful Speech at Power of Women, acesse: <https://www.youtube.com/watch?v=6Rfn94k717U&t=229s>.

## Acessar

Para acessar sua energia vital, você precisa se conectar com a sua força interna, aquilo que torna você única e que traz o seu poder infinito, sua fonte de alimento energético. Aquilo que você faz e que te energiza.

Uma analogia simples para compreender a aplicabilidade é o nosso celular. Todos os dias precisamos carregá-lo, certo? Como fazer isso é algo que todos sabemos: basta conectá-lo à uma fonte de energia, como uma tomada, um *power bank* ou até mesmo num cabo conectado ao seu computador. São fontes diferentes, e cada uma vai carregar o celular em uma velocidade diferente. A nossa energia vital funciona de forma semelhante.

Podemos recarregá-la com uma boa noite de sono, alimentação correta, contato com a natureza, convivência com pessoas de quem gostamos, esportes ou momentos em silêncio. O importante é você saber quais são as suas fontes.

É comum que pessoas de personalidade mais extrovertida se sintam mais energizadas ao estarem com mais pessoas e fiquem renovadas depois dessa troca, enquanto pessoas mais introspectivas necessitam de momentos de silêncio e solitude para se reconectar com suas bases energéticas.

Pense agora em quais são suas fontes de energia e quando você pode recorrer a elas. Tenha sempre mais de uma possibilidade, como seu celular, e veja com qual frequência você recorre a elas. Não adianta lembrar só quando a bateria já acabou; essa recarga precisa ser diária, combinado?

## Canalizar

Depois de acessar sua energia vital, você precisa direcioná-la. Canalizar é sobre fazer. Você precisa passar a manifestar as habilidades para liderar e incorporar na sua vida o equilíbrio natural de qualidades femininas e masculinas, ancorando isso em seu poder interno.

Como você manifesta a sua liderança? Pense na forma como você se relaciona com as pessoas ao seu redor, como tem endereçado problemas complexos e quais caminhos procura apresentar no momento presente, para encontrar futuros possíveis – essa é a sua liderança.

## Sair

Sair é estar sensível às necessidades do contexto e escolher onde e como manifestar o seu melhor ao mundo. É encontrar respostas para perguntas como: "Qual é o meu propósito?"; "A quem eu devo me dedicar?". Líderes conscientes conhecem o próprio propósito, a própria história, de onde vieram e para onde estão indo. Eles vivem a vocação pessoal, única.

Nem sempre a nossa vocação está evidente para nós. Eu não fazia ideia de que seria porta-voz de tantas mulheres e, em especial, no setor imobiliário. Esse entendimento é algo que vamos adquirindo com o tempo, e durante a nossa trajetória de vida e é essencial "ligar os pontos" para identificar a vocação pessoal individual.

Para ligar os pontos e descobrir qual é a sua vocação pessoal, quero propor uma dinâmica que poderá ajudá-la a entender melhor a forma como você manifesta a sua liderança.

Faça uma lista de coisas significativas que você fez em sua vida, especialmente aquelas de que mais gostou. Mesmo que exista diferença entre elas, veja se consegue identificar um padrão recorrente. Em caso positivo, essa linha-mestra trará a você uma pista sobre qual é realmente seu dom, seu caminho, sua vocação e, essencialmente, sua forma de manifestar a liderança.

Caso esteja com dificuldades para começar, incluo algumas perguntas que podem ajudar nesse processo:

- Quando você se sente mais viva?
- O que move e inspira você?
- Pelo que você é mais grata?
- O que te faz feliz?

Quando fiz a minha primeira lista, coloquei diversos momentos aleatórios que incluíam desde liderar algumas atividades na escola, organizar um encontro bienal com meus familiares, viajar a diversos lugares do mundo para uma conexão interior, organizar eventos com a pauta feminina, até chegar nas mentorias e na formação em liderança Shakti.

Uma vez que todos esses pontos foram alinhados e conectados, percebi a importância da minha conexão com processos que levam à organização de trajetórias e tradições, de desenvolvimento pessoal e de elevação da participação feminina, promovendo o reconhecimento daquelas que movimentam a mudança. Pense um pouco na sua família e perceba o papel das mulheres ao seu redor. Em outras palavras, pense em como sua mãe, eventualmente suas irmãs, tias, avós, primas e demais mulheres participam de ações e de mudanças. Como foi e como se dá a participação de cada uma delas? Esse exercício pode indicar posturas de liderança em mulheres ao seu redor que você, até o momento, não via como líderes.

## O MODELO DE LIDERANÇA SHAKTI

A liderança feminina tem sido tema na agenda das empresas mais influentes. É uma força mundial e incontrolável que está aumentando. Um estudo recente feito pela McKinsey&Company[3] com 700 empresas influentes revelou que as organizações que possuem pelo menos uma mulher em sua equipe executiva são mais lucrativas. Segundo a pesquisa, as mulheres têm 50% mais chances de aumentar a lucratividade e 22% mais chances de crescer a margem EBITDA[4] média.

Com o aumento de dados comprovando a importância de mais mulheres na liderança para aumentar a lucratividade, será que ainda restam motivos para questionar a urgência dessa pauta?

Pode até parecer uma resposta fria, antiquada e direta, mas é um fato que empresas existem para fornecer resultados lucrativos para seus acionistas. Dizer que o propósito dos negócios é gerar lucros é como dizer que o propósito da vida é respirar. Ou seja, é claro que isso é o mínimo necessário para se sustentar; por outro lado, imperam outras possibilidades, como: qual valor pode ser gerado a partir do que uma empresa faz?

Empresas têm o incrível poder de cuidar de seus funcionários, o bem de longo prazo de seu mercado, a sustentabilidade do

---

3. Disponível em: https://valorinveste.globo.com/objetivo/empreenda-se/noticia/2019/04/30/mulheres-em-cargos-de-lideranca-aumentam-o-lucro-das-empresas.ghtml>. Acesso em: 20 mar. 2023.
4. A sigla é um acrônimo da expressão em inglês *earnings before interest, taxes, depreciation and amortization* e refere-se ao percentual de lucros antes dos demais itens: taxas (impostos), depreciação e amortização.

meio ambiente e de contribuir para um futuro melhor, concorda? Quando trazemos "cuidado e bem-estar" para esse assunto, muitas vezes é difícil criar um vínculo entre elas e o ambiente corporativo. No entanto, elas são, justamente, o núcleo do futuro. Do nosso futuro. E é nisso que a Liderança Shakti se baseia: oferecer elementos no presente para implementar um futuro com presença.

Shakti é a força interior que provê o cuidado e a elevação. Aquela energia que é responsável pelo parto – a Mãe Natureza –, presente em nossa natureza inata e que sustenta toda a vida. Procurar levar a energia Shakti à liderança é procurar despertar nos negócios a necessidade de cuidar do futuro, implementando ações que nos conectam às nossas responsabilidades enquanto líderes, tornando-nos os autores de nossas decisões diárias. Assim como o conceito desse modelo de liderança reforça no livro homônimo: "O líder que você é, é a pessoa que você é".[5] Por isso trago a pauta da necessidade de construir a autoliderança antes de liderar.

A Universidade de San Diego, na Califórnia, recebeu a primeira turma da *The Shakti Fellowship*, um programa global de

---

5. BHAT, Nilima; SISODIA, Raj. Liderança Shakti: o equilíbrio do poder feminino e masculino nos negócios. São Paulo: Altabooks, 2019, p. 11.

nove meses de liderança avançada para mulheres, iniciando, assim, um novo grupo de mulheres preparadas para intervir, intensificar e elevar. Tive a honra de pertencer a esse núcleo global de mulheres criadoras de mudanças por meio da Shakti Leadership, do capitalismo consciente e da *Peace Through Commerce* (paz por meio do comércio).

Esses modelos trazem uma combinação de forças que promovem um alto nível de liderança. O curso é exclusivo para mulheres, e há uma razão para isso: de acordo com o *Getting to Equal 2019: Criando uma cultura que impulsiona a inovação*,[6] um estudo recente publicado pela Accenture, a cultura da igualdade impulsiona a inovação, e um ambiente fortalecedor com um alto *senso de pertencimento* e *aprendizado* é um ingrediente essencial.

Equilíbrio é exatamente o que queremos alcançar. Enquanto empresas, entidades e governos estão trabalhando para criar um ambiente igualitário, minha intenção com este livro é que você se pergunte o que nós, mulheres, podemos promover com a nossa autoliderança para alcançar esses espaços com responsabilidade, capacidade e conteúdo suficientes para manter as posições que merecemos.

---

6. Disponível em: <https://www.accenture.com/_acnmedia/thought-leadership-assets/pdf/accenture-equality-equals-innovation-gender-equality-research-report-iwd-2019.pdf>.

Cada país e cultura têm suas particularidades, claro. No entanto, o que todos têm em comum é a necessidade de mais lideranças femininas com vozes importantes. Mulheres e meninas são carentes. A partir disso, o empoderamento feminino foi identificado como um dos 17 Objetivos Para Transformar o Mundo,[7] de acordo com a ONU. Além disso, as mulheres trazem valores e comportamentos femininos, como carinho, compartilhamento, inclusão e criatividade, dos quais a economia global precisa para restaurar o equilíbrio em um mundo polarizado e desigual.

Andréa Bisker, especialista em comportamento e *trendforecaster*, fundadora e CEO da Spark:off e Head na Stylus Brasil, foi minha convidada para o episódio 105 do podcast, onde falamos sobre o futuro do trabalho:

> Sempre falei que o futuro é feminino. Cris Ache é minha mentora e complementa essa minha fala dizendo que o futuro é empatia e que empatia, por sua vez, é estratégia. E é isso que vai liderar o futuro a partir de agora.
>
> A empatia vem sendo desenvolvida por mulheres já há muitos anos. Por sorte nossa, ela é uma característica feminina e faz

---

7. Disponível em: <https://brasil.un.org/pt-br/sdgs>.

parte de uma das *soft skills* mais importantes para o futuro do trabalho. Na verdade, quando a gente pensa no futuro do trabalho, muitas das habilidades femininas serão fundamentais para o exercício da liderança: a criatividade, a empatia e o cuidado, por exemplo.

Então, nesse sentido, estamos em um momento em que as mulheres têm alguma vantagem competitiva. Ao mesmo tempo, a diversidade é o que faz a coisa ser muito legal mesmo. Não vamos deixar os homens de lado – até porque muitos deles têm procurado desenvolver as *soft skills* além das *hard skills* hoje.

Talvez a gente tenha um futuro realmente diverso com as mulheres ocupando cada vez mais espaços, enquanto os homens encontram a oportunidade para mostrar esse lado que, antigamente, era chamado de "menininha". Mais femininos ao se tornarem mais sensíveis. Ao desenvolverem essa característica iminentemente feminina, eles também estão procurando fazer parte desse novo futuro.

Eu diria ainda que a mulher é mais acolhedora, porque desenvolveu, ao longo de séculos, essa capacidade de rodar dez pratinhos ao mesmo, enquanto os homens conseguiam rodar dois ou três. Nós temos esse perfil de ser multitarefas em tempos de crise e, por conta disso, estamos mais bem-preparadas para esse futuro de solidariedade e sororidade – outra palavra que tem crescido entre as mulheres.

Para mim, a empatia tem relação direta com a vulnerabilidade, e isso é algo que as mulheres sempre tiveram mais facilidade de mostrar. Isso tem crescido no universo masculino e é importante para o futuro.

A vulnerabilidade torna a gente mais sensível, mais empática, e eu acredito que o futuro pertença a esses líderes que conseguem se mostrar vulneráveis.

Para ouvir o episódio completo, acesse o QR Code.

Portanto, a ascensão das mulheres é uma demanda inevitável e importante em todo o mundo, além de ser uma maneira de as mulheres reivindicarem os próprios espaços e se responsabilizarem como comandantes pela equidade e qualidade do nosso futuro comum.

## POLARIDADE DE FORÇAS: O EQUILÍBRIO DO PODER FEMININO E MASCULINO NOS NEGÓCIOS

Grande parte das lideranças atuais estão enfraquecidas, fracassadas, fragilizadas e desacreditadas, e isso acontece, na maior parte das vezes, porque ainda seguimos um modelo de liderança desequilibrado.

A falta de referências de modelos saudáveis de quem exerce a liderança verdadeira também se caracteriza como um dos maiores obstáculos, especialmente para as mulheres que enfrentam o caminho para a liderança sênior. Os homens superam significativamente as mulheres no nível gerencial, criando um distanciamento cada vez maior de um cenário em que as mulheres assumem cargos de liderança sênior. Mais do que uma problemática de gêneros, temos uma referência de modelos de lideranças que trabalham sob um viés inconsciente e repleto de excessos. Para compreender o papel da liderança feminina, é importante pontuar que não estamos falando de uma energia feminina que só existe nas mulheres, mas de uma energia feminina que precisa ser resgatada de modo holístico em todos nós.

Esse entendimento fica mais claro com o mapa de polaridade de forças, que ilustra como manter o equilíbrio entre nossos polos masculino e feminino, sabendo quais são os nossos dons e como utilizá-los para equilibrar nossas lacunas.

A leitura correta do mapa de polaridades (veja a Figura 5.1) é pela percepção de que ele trabalha em eixos transversais. Primeiramente, identifique entre os polos feminino e masculino do quadrante superior (liderança consciente) qual característica acredita ser predominante na sua forma de liderar.

Por exemplo, dons femininos que estão em falta nas lideranças atuais são empatia, harmonia, vulnerabilidade e gentileza. Uma vez que você se identifica com um deles, o próximo passo é entender como esse dom se manifesta em você. Nossa manifestação da liderança pode acontecer de forma consciente ou inconsciente. O inconsciente geralmente se apresenta em excesso ou por meio de pontos cegos, atitudes que nem nos damos conta de que temos. Empatia em excesso pode ser sufocante, por exemplo. Sabemos quanto essa habilidade socioemocional é quase um pré-requisito quando falamos em liderança, contudo, a empatia exercida de forma inconsciente e em excessos pode "afogar".

Ao tomar consciência de qual é a sua característica predominante e como ela se manifesta quando exerce sua liderança inconsciente, você pode estar se perguntando: "E como eu saio desse estado de inconsciência e excessos?".

Quando exercemos a liderança inconsciente e polarizada, seja ela feminina, seja ela masculina, é preciso resgatar o polo complementar oposto para sair desse estágio inconsciente e buscar a liderança consciente e equilibrada. É preciso identificar qual é o elemento e a característica complementar que você tem no polo oposto para que resgate o seu estado de consciência – daí a ideia de equilíbrio de forças. É sobre saber qual característica você precisa trazer para isso. Essa é a dinâmica transversal que adotamos para compreender o mapa. Por exemplo, voltando ao caso de uma empatia sufocante, de excessos, a clareza pode ser um excelente atributo masculino para resgatar o equilíbrio.

**LIDERANÇA CONSCIENTE**

| | **DONS** | **LACUNAS/EQUILÍBRIO** | |
|---|---|---|---|
| **POLO PREFERIDO FEMININO** | *Empatia, gentileza, inclusão, abertura, criatividade, variedade, confiança, harmonia* | *Clareza, assertividade, foco, direção, ordem, disciplina, estrutura, discernimento, força, convergência* | **POLO COMPLEMENTAR MASCULINO** |
| | **PONTOS CEGOS/ EXCESSOS** | **JULGAR/ TEMER/EVITAR** | |
| | *Sufocante, sentimental, dependente, explorado, sem foco, irracional, fraco, manipulador* | *Agressivo, cruel, arrogante, insensível, violento, com fome de poder, espiritualmente vazio* | |

**LIDERANÇA INCONSCIENTE**

**Figura 5.1** Mapa de polaridade feminina e masculina.

*Fonte*: Liderança Shakti: o equilíbrio do poder feminino e masculino nos negócios.

Mas cuidado para não cair na manifestação inconsciente do seu polo masculino que se manifesta pela agressão, violência, crueldade e insensibilidade.

Com essa reflexão, quero reforçar que, sim, estamos falando sobre a importância de termos mais mulheres em cargos de lideranças e de obtermos uma forma mais feminina de liderar para, assim, alcançarmos o equilíbrio e conquistarmos uma sociedade mais igualitária e com maior equidade.

## CONSCIÊNCIA PARA LIDERANÇA VERDADEIRA

Liderar de forma autêntica e verdadeira é uma das principais características de quem sabe se conectar com sua audiência de seguidores e liderados. Para isso, é fundamental passar pelo processo de aceitação de forma íntegra.

Todas nós já passamos por uma experiência de resistência. Nossa reação automática é querer fugir de situações que nos causam desconforto, aperto ou qualquer outro sentimento de repulsa; o que não percebemos de imediato é que, quanto mais tentamos escapar, justamente o oposto acontece: mais presas ficamos.

Quanto mais tempo levamos para aceitar determinadas situações, mais tempo passaremos lutando dentro dessa nossa experiência. O tempo todo relutamos em aceitar que somos humanas, que erramos e que as dificuldades fazem parte do nosso caminho. E, quanto menos aceitamos, menos percebemos que nossa energia está ligada a essa luta para escapar de algo inevitável.

Parece incoerente, mas nós nos julgamos por sermos humanas. Julgamos nossas reações, nossos pensamentos, nossos sentimentos e nosso passado. No entanto, todas essas vivências são parte da experiência humana e, enquanto continuarmos a nos julgar, ficaremos realmente presas a esse processo de exercício da liderança verdadeira. É geralmente nessa hora que a síndrome da impostora – sobre a qual já falamos antes – nos acomete.

Quero que você perceba que, já que não podemos fugir da experiência humana e de situações desagradáveis, o que precisamos é encontrar coragem para nos colocarmos dentro delas. Porque é a partir desse enfrentamento que conseguimos avançar para uma maior aceitação, e é nessa vivência que nos aprofundamos cada vez mais em nós mesmas e no autoconhecimento.

Quando aceitamos a situação em vez de lutar contra ela, nossa energia é liberada desse esforço contrário e pode ser canalizada para algo melhor. Quando aceitamos sermos nós mesmas, nossos pensamentos, nossos sentimentos e nossas memórias, somos libertadas para agir de acordo com os nossos valores, chamados e desejos verdadeiros.

É necessário um esforço enorme para fugir e evitar situações de desconforto. A aceitação nos permite fazer o que realmente queremos e nos dá a incrível liberdade de experimentar plenamente tudo o que vivenciaremos ao longo do caminho. Ela nos dá espaço para respirar, nos movimentar e viver a vida plenamente.

O tempo todo somos bombardeadas com o conselho de sair da nossa zona de conforto. O que ninguém fala é que, para que isso aconteça, obrigatoriamente nós precisaremos entrar na zona de desconforto. E sejamos sinceras: é evidente que ninguém quer ficar lá, certo?

Um exercício que quero propor a partir dessa reflexão é sobre como você se comporta quando está desconfortável. Geralmente, procura fugir e evitar a situação ou se permite vivenciar essa experiência?

A nossa liderança verdadeira acontecerá, em grande parte do tempo, nessa zona de desconforto, e saber como você se comporta é um exercício de autoliderança. Em outras palavras, você primeiro precisa ser líder de si para depois liderar os outros.

**PARTE SEIS**

# COMO E POR ONDE COMEÇAR?

Agora que você já sabe o que é autoliderança, quais são os obstáculos e as barreiras que pode enfrentar no processo de desenvolvimento pessoal e profissional, e também quais as necessidades individuais para superar os degraus quebrados, além de ter embasamento teórico para compreender todo o cenário, é preciso planejar e projetar a trilha que você quer percorrer.

Usando a analogia do *trekking*, o preparo para qualquer começo de trilha é o desenvolvimento das habilidades socioemocionais para a preparação da sua mochila, o conhecimento de ferramentas e técnicas no estudo do terreno, e a visão de possibilidades de percursos, como planejamento ou transição de carreira, empreendedorismo ou até mesmo um período sabático, e a sabedoria para recalcular rotas durante o percurso, se necessário.

A partir de agora, vamos planejar juntas sua próxima trilha e seguir alguns passos para colocar em prática a visão de futuro que você tem para a sua carreira e dar o próximo passo para construir o caminho até lá. Aqui começa a manifestação da sua autoliderança em face de quem você quer ser, o que quer fazer e aonde quer chegar.

## O QUE EU QUERO ATINGIR?

No mercado de trabalho, assim como na sociedade, ainda existem muitos vieses e muitas percepções limitadoras sobre o que é a liderança feminina. Infelizmente, as mulheres ainda são com frequência submetidas a vários estereótipos e preconceitos que chegam ao primeiro plano quando assumem um papel de liderança.

Homens ainda são elogiados por serem assertivos, enquanto mulheres que possuem essas mesmas características são vistas como agressivas, teimosas e mandonas, por exemplo.

Para chegar aonde quer, você precisa, primeiro, ter a clareza sobre o que quer atingir enquanto líder. Ao longo da minha carreira e dos meus estudos sobre o tema, percebi traços em comum entre líderes de sucesso, independentemente do gênero. A partir disso, compartilho com você o que chamo de os *Oito C's* – as características mais importantes que as mulheres líderes devem saber sobre liderança e que você deve procurar dominar para chegar lá.

### 1. Comunicação

A autenticidade se tornou um novo padrão de ouro em liderança, e a comunicação honesta é o ponto principal para mostrar o seu verdadeiro eu no trabalho. Em algumas empresas e ambientes, pode ser difícil se abrir verdadeiramente, porque há uma preocupação com julgamento, e isso pode ser um grande obstáculo para as mulheres, especialmente à medida que avançam em suas carreiras e são cercadas por cada vez menos mulheres. No entanto, é justamente a nossa vulnerabilidade que nos ajuda a criar conexões e nos comunicar melhor. A partir dela, nos tornamos mais reais e acessíveis para supervisores, colegas e colaboradores. Como uma das alunas de meus cursos para o LinkedIn Learning relatou após a conclusão: "Hoje não tive medo de expor minha opinião sobre um assunto em uma reunião que é 99% masculina; além disso, consegui ser ouvida e acataram a sugestão que dei. Me senti confiante".

## 2. Comprometimento

Buscar algo que você realmente deseja requer dedicação e coragem para manter o rumo. É importante ter o comprometimento por meio das lentes da perseverança, na busca por um resultado específico. É como diz aquela frase: "Se você está cansada, aprenda a descansar, e não a desistir!".

## 3. Coragem

Normalmente, os líderes são indivíduos corajosos que abraçam a mudança, ousam ser diferentes e estão dispostos a se colocar em risco. No entanto, historicamente, as mulheres não foram encorajadas a ter esse tipo de mentalidade nem a acreditar nos próprios instintos, sobretudo no ambiente de trabalho. Como uma líder mulher, é fundamental que você permaneça destemida para que seja notada. É como dizem: "Se está com medo, vá com medo mesmo!".

### 4. Caráter

Dar o exemplo não é a principal forma de influenciar os outros: é a *única* maneira. Sempre tente agir com integridade e ser um bom modelo para os seus colegas. Como líder feminina, é sua responsabilidade usar seu poder e levantar outros colegas da diversidade para nivelar o campo de jogo profissional.

### 5. Criatividade

Uma boa líder pensa e age com a ajuda da própria imaginação e está em constante desenvolvimento. Então, construa uma mentalidade para o não convencional e pondere sobre ideias que vão contra a corrente. Não tenha medo de criar novas regras se for preciso.

### 6. Cuidar

A inteligência emocional (QE) é indiscutivelmente tão importante quanto o QI para os líderes. Para conquistar a cooperação dos membros da sua equipe, você deve mostrar que realmente se preocupa, aprecia e respeita a contribuição de cada um deles e que fará o melhor para os ajudar a maximizar o potencial deles. Essa é uma energia naturalmente mais feminina; portanto, aproveite esse potencial nato.

### 7. Confiança

Você deve acreditar em si mesma e estar disposta a se destacar na multidão se quiser inspirar confiança nos outros. A confiança vem de dentro, de saber no fundo que você tem o que é preciso. Precisamos aprender a ficar mais confortáveis externamente com a posição que conquistamos. Sei que isso não é fácil, mas, com as informações e as ferramentas que trago neste livro, espero que você possa encontrar o caminho para conquistar a confiança em si.

### 8. Competência

Se você não for competente, nem todos os *cases* de sucesso do mundo poderão ajudá-la a chegar ao topo, muito menos a permanecer lá. Para mulheres líderes, a verdadeira luta não consiste em nos tornarmos competentes, mas sim em aprendermos a enxergar a competência que existe em nós. A competência nada mais é do que a habilidade de realizar algo de modo satisfatório, e, se você tem o constante desejo de aprender, de continuar aprendendo e de colocar esse aprendizado em prática, com certeza tem grandes chances de se tornar uma mulher de liderança.

A liderança, como qualquer outra habilidade, precisa ser continuamente aprimorada e ajustada. Os 8 *C's* que apresentei agora não são um destino, e sim uma jornada que você precisa percorrer diversas vezes a cada nível que evolui.

À medida que você investe em sua carreira, continue retornando a cada uma dessas características para retrabalhá-las e se tornar uma líder que inspira e levanta outras mulheres. Tenho certeza de que você verá em primeira mão que os seus pontos fortes femininos são valiosos e que você não precisa se sentir menor ou menos capacitada ao buscar alcançar os seus sonhos e objetivos.

## REVISÃO DE PROPÓSITO

Antes de mostrar a você a importância da revisão de propósito, quero que saiba que, na vida, o nosso propósito muda. E muda muitas vezes. A mulher antes dos 30 anos e sem filhos pode ter uma expectativa para a própria vida e carreira completamente diferente da mesma mulher com 40 anos e mãe, por exemplo. Está tudo bem. Poder revisitar o seu propósito de vida e carreira é essencial, e nesta parte do livro vamos abrir um espaço para isso.

Essa necessidade de ter seu *elevator pitch* pessoal – uma frase curta de impacto que resuma suas qualidades, entregáveis e propósito – forçou muitas de nós a fazer um parto prematuro.

Saber por que estamos aqui e qual é a nossa contribuição para a humanidade, além de ser muita responsabilidade para resumir em uma frase, precisa antes estar alinhado a algumas expectativas. A primeira delas? A consciência de que estamos todos em um processo evolutivo. Empresas e pessoas estão evoluindo com a História – com H maiúsculo –, e a pandemia nos mostrou isso de forma ainda mais evidente.

Um exercício simples que podemos fazer sobre revisão de propósito é pensar que o que fazia sentido para você no início da carreira talvez hoje não tenha tanta importância. Isso faz sentido? Talvez você já tenha se sentido assim em algum momento ou esteja passando por isso agora mesmo. Uma mudança perceptível para mim foi saber que o que eu quero para o mundo também mudou com a maternidade. Imagino que, se você tem filhos, esse pensamento também possa ressoar para você.

Sim, o propósito muda, e nos permitirmos revisitar esse conceito e nossos porquês é fundamental para alinharmos nossas expectativas à forma orgânica como vivemos, levando para dentro das empresas esse entendimento de que há uma fluidez – conhecida no ambiente corporativo como *resiliência*.

Resiliência é a propriedade que alguns corpos apresentam de retornar à forma original após serem submetidos a uma deformação elástica. Por isso sempre costumo abordar resiliência com o termo flexibilidade, que significa a capacidade de ir e vir, conforme o contexto requer.

Existe um termo para isso em inglês: o *Walk the talk*, ou "caminhe a sua fala". É exatamente essa a essência de uma versão atualizada de propósito: mais do que saber o seu porquê, você deve vivenciá-lo. Como questionou Steve Jobs: "Tenho me olhado no espelho todos os dias de manhã e me perguntado: 'Se hoje fosse o último dia da minha vida, eu ia querer fazer o que estou prestes a fazer hoje? E sempre que a resposta for 'não' por dois dias seguidos, sei que preciso mudar algo".[1]

Quando começamos pelo "por que e como você faz?", precisamos nos questionar diariamente se o que estamos fazendo está em coerência com a vida que queremos criar. O que você fará hoje está alinhado com a vida que você quer?

---

1. *Fonte*: **Steve Jobs Stanford Commencement Speech 2005**. Disponível em: https://youtu.be/D1R-jkkp3na. Acesso em: 3 mar. 2023.

## PLANO DE CARREIRA

Ao longo do livro mencionei algumas vezes a importância de desenhar um plano de carreira em vez de nos deixarmos levar pelos acontecimentos da vida ou por decisões pensadas, única e exclusivamente, nos benefícios financeiros de determinada posição. O mundo muda constantemente e precisamos estar dispostas a inovar e redefinir rotas. Mas por que isso é tão importante?

Para estruturar um planejamento da sua carreira que também esteja alinhado às áreas de crescimento pessoal e familiar, vamos visualizar o processo de definição de metas com um *brainstorming*, criando uma lista de desejos e sonhando alto. Isso mesmo: você pode – e deve – ocupar espaços!

Durante a minha formação pela Tiara International LLC, conheci uma metodologia que quero compartilhar com você, que tem como base nove centros importantes da nossa vida. Ao investigar cada uma dessas áreas, é provável que grande parte de suas ações, seus relacionamentos, seus ambientes, seus investimentos, seus pensamentos, seus planos, suas emoções, suas visões e seus desejos sejam traduzidos e transferidos para o papel, o que pode ser um excelente estímulo para o plano de carreira, independentemente do momento de vida em que está.

Organizar sua visão de futuro nesses quadrantes de prioridades a ajudarão a equilibrar seu planejamento, mesmo que você tenha um objetivo principal específico no momento, fazendo uma revisão de tudo aquilo que já percorreu até aqui ou, até mesmo, esteja vivenciando uma pausa – um sabático.

Sintonize sua fonte de energia, conecte sua essência ao que te dá prazer e pense nos momentos em que você se sente realizada. Lembre-se de seus valores essenciais, do que inspira você e em como isso está representado hoje em sua vida e em seu trabalho. Sinta-se conectada com quem você é e o que é importante para você.

Assim que estiver pronta e centrada, defina com clareza o que você quer para sua vida nos seguintes campos:

- **Prosperidade, riqueza, *status* financeiro**: comece definindo o que é ser próspera e o que significa riqueza para você. Esse conceito pode variar desde uma casa de três andares, até refeições fartas à mesa ou uma boa saúde; eu fico com esta última, por exemplo. Ao ter clareza sobre o que significa, para você, ser próspera e rica, ficará mais fácil detalhar qual *status* financeiro você quer definir no seu plano de carreira e de vida.
- **Status, reputação, credibilidade:** em tempos líquidos, onde redes sociais criam uma ditadura de *status* e reputação alheios ao mundo real, quem você é e quem

você quer ser? Criar uma rede de contatos, investir em relacionamentos e ter credibilidade não dependem do mundo virtual; aliás, é no mundo real que provamos ser, de fato, quem somos. Quando falamos sobre carreira, esse conceito tem um peso enorme! Como você quer ser reconhecida pelas suas habilidades? O que as pessoas diriam sobre você? Pense na imagem que você construiu até aqui e como quer manter ou adequar para complementar seu plano. Ter muitos seguidores em uma determinada rede social, por exemplo, não é – necessariamente – um reflexo da reputação e credibilidade da sua carreira. Para ter uma boa referência sobre a sua forma de atuar profissionalmente e o impacto que você gera nas pessoas, uma dica que pode ajudar é pedir alguns depoimentos de pessoas com quem já trabalhou, por exemplo.

- **Relacionamentos íntimos:** quem você considera íntimo? Cônjuge, família, filhos? Pense na forma como esses relacionamentos estão acontecendo e como imagina que eles possam ser. Há algo a melhorar ou mudar? Alguma ação que pode ser feita? A primeira vez que fiz essa dinâmica, há alguns anos, ainda era casada e inclui no meu plano uma noite dedicada ao casal na semana. É muito comum, quando o relacionamento assume um modo mais "automático", nos esquecermos de algumas atitudes que nutrem as relações. São essas atitudes que lembramos, escrevemos e colocamos neste item como forma de reconhecer o momento e se abrir para mudanças, quando necessárias. Outro exemplo prático pode ser criar alguns rituais com a sua família, como uma das refeições do dia ser realizada com todos sentados à mesa, sem telas ou distrações, ou, ainda, um programa social por semana, no qual possa haver interação entre todos.

- **Casa, saúde da família:** este item é muito mais sobre "como" você mora, e não "onde" você mora. A sua casa é um lar? Tem acolhimento, segurança e ambientes necessários para a vida que você leva ou quer levar? Quais adequações, reformas ou mudanças são necessárias? Como está a saúde da sua familia? O que tem feito para manter, melhorar ou mudar? Sabe aquela reforma que você adia fazer porque tem preguiça, ou medo, de toda a bagunça e mudança de que precisa? Ou, ainda, aquele vazamento na parede do quarto cujo conserto você adia? Ou até mesmo aquele baú de roupas que já não te servem, mas você acredita que ainda podem servir um dia? Esses são alguns exemplos sobre os quais precisamos pensar para estimular ambientes mais seguros e saudáveis. Por onde ou por qual deles você vai começar?

- **Bem-estar, espiritualidade:** o que você tem feito em seus finais de semana, nas horas livres do seu dia? Quais são seus *hobbies* e as práticas que te trazem bem-estar? Como você investe no seu autocuidado, quanto tempo dedica a você, quanto tem investido em si mesma? Quando pensamos em nosso bem-estar, por vezes é difícil concentrar em questões que foquem exclusivamente em nós mesmas – podemos até ser acometidas por um sentimento de egoísmo, de que não deveríamos estar fazendo isso. Quem nunca se sentiu culpada por descansar ou por simplesmente não fazer nada? A nossa múltipla jornada de trabalho está tão enraizada em nós que o simples ato de descansar passou a ter um sentido punitivo para nós, o que é um absurdo! Aqui é o momento de elencar toda a dedicação necessária para seu autocuidado, seja ele presente, incipiente ou inexistente; em resumo, dê voz ao que te faz bem! Ressalto que espiritualidade é diferente de religiosidade e que, independentemente da sua religião ou de sua crença, ter um apoio espiritual é essencial para todas nós, sobretudo para nossa geração, que conviveu com uma pandemia como a da Covid-19.

- **Criatividade, planejamento futuro:** posso apostar que você chegou neste item e pensou: "Não era para ser um plano de carreira? Por que estou planejando mais minha vida pessoal?". A resposta é que a nossa carreira é reflexo de quem somos, e ter visão sobre todos os aspectos que percorremos nos tópicos anteriores é essencial para que você possa responder com criatividade sobre o seu planejamento futuro. Visualize como e onde você quer estar daqui cinco e dez anos. Estará na mesma empresa, no mesmo setor? Qual será seu cargo e quanto você irá faturar? Quais serão suas atribuições, suas conquistas e qual impacto você estará provocando ao seu redor. Quando respondi a essa pergunta pela primeira vez, escrevi sobre um programa de mentoria que, depois de algum tempo, elaborei e apliquei com dezenas de mulheres de áreas e atuações diversas.
- **Habilidades, conhecimento, sabedoria:** quais habilidades você tem e quais quer aprimorar ou desenvolver? O que quer aprender, quais cursos fazer? Liste livros, aulas, temas e tudo aquilo que é necessário para realizar o planejamento futuro que acabou de pensar.
- *Lifelong learning*, **ou educação ao longo da vida:** é a ideia que propõe que o conhecimento e o desenvolvimento

de habilidades acontecem ao longo de toda a vida, e não apenas durante um período de tempo com começo, meio e fim. Isso desmonta a ideia de educação baseada no modelo tradicional de aprendizagem, no qual o ensino seria realizado do ensino básico à pós-graduação. Use o conceito de *lifelong learning* como base inspiradora para aprender sempre e planeje quais temas, conteúdos, áreas de interesse e até mesmo *hobbies* você quer desenvolver nesse plano estratégico.

- **Carreira, projeto de vida:** enfim, a carreira. Ou seriam as carreiras, no plural? Essa também é uma pergunta para você refletir sobre. Podemos, sim, ter mais de uma atuação, e elas podem acontecer de forma simultânea, algo com que eu me identifico sendo escritora, presidente do Instituto Mulheres do Imobiliário e executiva do mercado, por exemplo. No seu projeto de vida, como a sua carreira se manifesta? De que forma você pensa e planeja sua aposentadoria? Essa palavra faz sentido para você? Como você pensa viver a sua maturidade? Você planeja uma aposentadoria tradicional, ter uma atividade que possa ser exercida em qualquer lugar e idade? Descreva quais são suas habilidades e como você as expressa por meio da sua carreira até aqui e como projeta na sua vida.

- **Contribuições para a sociedade:** aqui, chegamos à espinha dorsal do plano que estamos desenhando juntas. Qual a sua contribuição para a sociedade? Como você quer ser lembrada? Qual a transformação que você faz à sua volta? Que pegadas você deixa? É fundamental que você tenha clareza sobre a sua contribuição na sociedade e como ela está manifestada em tudo que você pensou e escreveu até aqui. Aproveite o conceito ESG de que já falamos para refletir se a sua contribuição será no campo social, ambiental e/ou no de governança, por exemplo.

**PARTE SETE**

# MENSAGEM FINAL

Quero que você termine este livro com a sensação de que é perfeitamente possível ocupar espaços e de que agora você tem as informações e ferramentas necessárias para começar o seu processo. O lugar da mulher é onde ela merece e deseja estar. Também espero que você compreenda que isso não quer dizer que esses espaços serão confortáveis – afinal, nosso crescimento não acontece na zona de conforto, lembra? Aliás, é fora dela que aprendemos nossas maiores lições.

Ser a única mulher em um projeto, em um departamento, em uma sala de reuniões e em diversas outras circunstâncias não será cômodo. Às vezes, estar sozinha em um ambiente totalmente dominado por homens pode ser necessário para abrir espaço para mais mulheres. Lembre-se de que a primeira pessoa que desbrava um território não explorado sofre todas as intempéries, mas também pavimenta a estrada.

Saiba que o seu papel como liderança que irá inspirar outras mulheres é fundamental, pois, como diz o lema, "uma sobe e puxa a outra", mostrando o caminho e orientando em estradas, por vezes, tortuosas.

Das lições que trago das minhas experiências, como o *trekking*, algumas são essenciais para nos prepararmos para ocupar os espaços, como fortalecer nossas habilidade socioemocionais e arrumar a nossa mochila para lidar com os percalços de cada trilha que planejamos explorar. Para começar esta jornada de autoliderança em seu processo de ascensão, minha mensagem a você é: esteja preparada para o desafio, conheça ao máximo o terreno que irá explorar e se permita recalcular rotas quando necessário.

Obstáculos e degraus quebrados fazem parte da nossa vida, seja no contexto pessoal, seja na nossa carreira. O que importa é você saber que pode traçar um novo caminho para lidar com esse obstáculo.

Por mais conhecido que seja o nosso terreno, muitas vezes será preciso rever o percurso que escolhemos por meio de processos de transição de empresa ou de carreira, de períodos sabáticos (quando possível) ou nos movimentos pelo empreendedorismo.

Aos poucos, o reconhecimento começa a surgir, e as pessoas passam a se aproximar e se inspirar em você, porque enxergam o seu poder e lugar de fala, de opinião, de decisão. Elas percebem o valor agregado. Até que isso aconteça, você precisará aprender a reconhecer a importância de investir na construção da sua autoliderança, para começar a dar os primeiros passos da jornada que pretende percorrer.

Comece pelo foco e determine qual é o caminho que deseja seguir. Quando você tem clareza de aonde quer chegar, não se abala facilmente com as surpresas que podem surgir pela estrada. Você encontra forças para seguir em frente enquanto observa e respeita os arredores.

Pedir demissão? Pedir um aumento? Mudar de empresa? Impactar mudanças onde está agora ou até mesmo parar e pedir ajuda? Qual é o seu momento? Lembre-se de sempre se questionar primeiro sobre onde você está, o que está fazendo e para onde está indo.

O meu desejo é que, depois desta leitura, você saiba qual é seu próximo passo e qual direção pretende seguir. Sei que muitas vezes nos encontramos em situações cansativas e desgastantes, e que pensamos em desistir. Lembre-se do tamanho dos seus problemas em relação ao que acontece ao redor. A grande missão que temos enquanto parte de um movimento feminino plural é conseguir trazer casos de inspiração para impulsionar e ajudar outras mulheres.

Em alguns momentos, precisaremos entender que o ego deve ser deixado de lado, porque existe outra proporção de entendimento do tamanho do que estamos fazendo pela transformação no mundo e pela nossa causa, algo que vai muito além de quem somos e do que queremos. E pode parecer clichê, mas, às vezes, uma mensagem, uma ligação, um breve elogio, uma palavra de incentivo, uma curtida e um compartilhamento em uma rede social podem ser formas simples, sem grandes custos envolvidos, mas que demonstram incentivo entre nós, mulheres.

Perceber qual é o gatilho para que a mudança aconteça em você é fundamental no desenvolvimento do seu processo e exercício de autoliderança, no qual eu espero ter ajudado e também orientado ao longo deste livro. Um gatilho que foi essencial para mim e que tem relação com meus valores inegociáveis diz respeito ao amor e à autocompaixão.

Comecei este livro mostrando a você quão importante foi a reconexão com minha ancestralidade, representada na força do meu sobrenome e da minha identidade. Ao longo dos capítulos, reuni dados e exemplos concretos que sinalizam um futuro promissor para nós, mesmo que isso signifique um caminho de muita luta e perseverança.

Os episódios que vivenciei, tanto no âmbito profissional, quanto nas oportunidades que tive de estar próxima a grandes nomes da liderança feminina, são aprendizados que compartilho com você para que possamos nos apoiar em experiências reais de conquistas, recomeços, fracassos, aprendizados e superações.

Nina Simone diz: "Você tem que aprender a levantar-se da mesa quando o amor já não está sendo servido". E eu acredito que, cada vez mais, é nisso que devemos pensar.

Que você se levante das mesas onde falta respeito às pautas que são importantes para você; que se levante das mesas onde não está sendo servido aquilo que faz parte dos seus ideais. Seja na sua vida pessoal ou no ambiente corporativo, seja na evolução de sua carreira ou na sua jornada empreendedora, o amor também é a inclusão, o respeito e o reconhecimento de que queremos, merecemos e precisamos. O amor é se valorizar, se enxergar e se reconhecer como parte essencial e fundamental em tudo o que você faz.

Levante-se sempre que o seu trabalho, seu empenho, sua dedicação e sua honra não estiverem sendo reconhecidos, pois a primeira pessoa que irá valorizar tudo o que você faz e quem você é deve ser você.

Terminei a redação deste livro no acorde final da música "Non, je ne regrette rien", de Édith Piaf, e que significa em português: "Não, não me arrependo de nada".

# APÊNDICE

# INICIATIVAS E INSTITUIÇÕES QUE ATUAM PELA CAUSA FEMININA:

## 7 PRINCÍPIOS DE EMPODERAMENTO DAS MULHERES (WEPS)

Elaborado pela ONU, este guia é composto por princípios que servem como bases conceituais das principais atividades e conteúdos para o alcance de uma maior equidade de gênero nas relações sociais.

Os 7 WEPS são um grupo de princípios criados para o meio empresarial que oferecem orientação sobre como delegar poder às mulheres no ambiente de trabalho. Este rico material é resultado da colaboração entre a Entidade das Nações Unidas para a Igualdade de Gênero e Empoderamento das Mulheres (ONU Mulheres) e o Pacto Global das Nações Unidas.

Além de ser um guia útil para as empresas, os WEPS procuram subsidiar outros *stakeholders*, incluindo os governos, em seu envolvimento com o meio empresarial.

## ONU Mulheres

Criada em 2010 para unir, fortalecer e ampliar os esforços mundiais em defesa dos direitos humanos das mulheres, a ONU **Mulheres** segue o legado de duas décadas do Fundo de Desenvolvimento das Nações Unidas para a Mulher, o UNIFEM. A organização atua em defesa dos direitos humanos das mulheres, especialmente pelo apoio a articulações e movimentos de mulheres e feministas, entre elas negras, indígenas, jovens, trabalhadoras domésticas e trabalhadoras rurais.

## Instituto Maria da Penha

O **Instituto Maria da Penha** é uma organização não governamental sem fins lucrativos. Seu surgimento está diretamente ligado à história de vida de Maria da Penha, que se tornou um símbolo de luta no combate à violência doméstica contra a mulher.

## Instituto Rede Mulher Empreendedora

Criado em 2017, o **Instituto Rede Mulher Empreendedora** ajuda a fortalecer o empreendedorismo feminino. É uma ONG de atuação nacional que oferece, em sua plataforma, capacitação, mentoria, *networking* e oportunidades para alavancar os negócios de mulheres brasileiras. O Instituto RME promove capacitação de mulheres em situação de vulnerabilidade por meio de multiplicadoras voluntárias. O Instituto já treinou 242 multiplicadoras, que capacitaram mais de 900 turmas em 367 cidades do país, impactando a vida de mais de 65 mil mulheres.

Tem como propósito apoiar projetos que visam empoderar mulheres empreendedoras, garantindo independência financeira e de decisão sobre seus negócios e vidas.

## Movimento Mulher 360

Criado em 2011 por uma iniciativa do Walmart, o **Movimento Mulher 360** visa contribuir para o empoderamento econômico feminino. Para isso, seu foco é a promoção da equidade de gênero e o crescimento da participação das mulheres no meio corporativo.

O movimento se tornou uma associação independente sem fins lucrativos em 2015 e busca engajar empresas para trabalharem seu público feminino interno e, gradativamente, expandir as ações para as comunidades e cadeias de suprimentos.

Hoje, o movimento tem como sócio-fundadoras empresas como Natura, Unilever, Coca-Cola e Bombril.

### Mulheres do Brasil

Presidido pela empresária Luiza Helena Trajano, o **Mulheres do Brasil** é um grupo suprapartidário que tem como objetivo gerar impacto social. O foco é conquistar e garantir direitos iguais ao público feminino em campos como saúde, educação, segurança e trabalho. Com mais de 112.880 participantes, o Mulheres do Brasil possui 120 núcleos nacionais e 39 internacionais de atuações diversas pela causa feminina.

### Fundo ELAS

Fundado no ano 2000, a organização é um fundo de investimento social que tem como foco de atuação a promoção e o fortalecimento do protagonismo e da liderança feminina, bem como fazer valer os direitos delas. Para alcançar esse propósito, o Fundo ELAS investe em mulheres com o apoio financeiro de doadores e empresas parceiras, como o Instituto AVON e o Instituto Unibanco. A atuação do fundo, além de nacional, se expande por redes internacionais, sobretudo latino-americanas, permitindo atender meninas, jovens e mulheres de diferentes partes do mundo.

## O Womenwill

O **Womenwill** é um programa Cresça com o Google, com impacto em 49 países, que incentiva o potencial econômico das mulheres por meio de habilidades digitais e desenvolvimento da comunidade.

## Instituto Mulheres do Varejo

O **Mulheres do Varejo** começou informalmente em 2018, com um grupo no WhatsApp criado por Vanessa Sandrini, hoje CEO do Grupo Rondelli, e Fátima Merlin, CEO da consultoria Connect Shopper. Inicialmente, servia como um espaço de networking e discussões sobre a carreira no varejo, mas hoje se tornou um instituto com eventos próprios e cursos para alavancar e conectar mulheres da área. O grupo conta com mais de 300 participantes.

### Rede Mulher Empreendedora (RME)

A **Rede Mulher Empreendedora** (**RME**) nasceu da iniciativa da empresária Ana Fontes, que, em meados de 2008, começou a promover cafés entre empreendedoras e criou uma página no Facebook para a troca de experiências sobre negócios entre mulheres. A rede cresceu e hoje alcança mais de 150 mil mulheres pelo Brasil, prestando consultoria para empresas e oferecendo serviços gratuitos para empreendedoras, como cursos e eventos. A rede tem cerca de 700 voluntárias e uma aceleradora de negócios própria.

### More Grls

Com mais de 3 mil profissionais cadastradas, o **More Grls** criou um banco de dados no qual as mulheres criativas podem exibir seu portfólio, descrever suas experiências profissionais e qualidades, e ser encontradas por empresas que buscam novos talentos.

### Indique uma Preta

A plataforma **Indique uma Preta** nasceu como um grupo no Facebook, em que profissionais negras compartilhavam vagas e trocavam dicas sobre carreira. Com uma rede de cerca de 5 mil mulheres, o coletivo serve como um grupo de apoio específico para mulheres negras.

### B2Mamy

Dani Junco é mãe do Lucas e fundadora e CEO da **B2Mamy**, um *hub* de inovação focado em tornar mães e mulheres líderes e livres economicamente por meio de educação, pesquisa e comunidade. Desde 2016, apoia o desenvolvimento de negócios inovadores fundados e liderados por mães, capacitando mais de 50 mil mulheres nos programas de educação e movimentando mais de R$ 16 milhões dentro da rede.

Em 2021, a B2Mamy foi eleita a *hub* de inovação do ano pelo Startup Awards, principal premiação de inovação do Brasil.

### PretaLab

Incomodada com a falta de mulheres como ela nos espaços de tecnologia e inovação, Silvana Bahia fundou a **PretaLab**, um projeto voltado à inclusão de mulheres negras nas áreas de tecnologia e inovação.

Mesmo sendo 28% da população brasileira, as mulheres pretas ainda são minoria nas empresas de tecnologia do Brasil – correspondem a 11%, segundo o relatório mais recente divulgado pela PretaLab.

A PretaLab é uma plataforma que conecta mulheres negras que são ou gostariam de ser da tecnologia, por meio de ciclos formativos, rede de profissionais, mercado de trabalho, consultorias e estudos.

### Elas Que Lucrem

Quem nunca se perguntou sobre os rumos que a própria vida estava tomando? Foi em um desses momentos de autorreflexão que a economista Francine Mendes, sócia da Genial Investimentos, questionou se estava lucrando em todas as áreas da sua vida – nos relacionamentos, na maternidade e na vida profissional – e resolveu criar a primeira plataforma de investimentos voltada exclusivamente ao público feminino, o **Elas Que Lucrem**.

Segundo Francine, o lucro é uma palavra ligada ao universo masculino. O homem, culturalmente, lucra para poder prover a família e proteger a mulher, que, por sua vez, foi ensinada a cuidar, servir e esperar proteção de uma figura masculina. Desmistificar esses estereótipos de papéis é fundamental para que as mulheres se interessem pelo lucro, assim como pela família.

## Se Candidate, Mulher!

Criada em 2020, a Se Candidate, Mulher! é uma startup de Recursos Humanos especialista em conectar mulheres incríveis a empresas ou promovê-las dentro delas. A Startup possui a SCM Academy, uma plataforma que prepara mulheres para serem aprovadas nos processos seletivos e oferece um banco de talentos com 4 vezes mais chances de contratação pelas empresas. Após a finalização da SCM Academy, a mulher passa a fazer parte da Talentos SCM, a base de talentos para empresas, onde todas as mulheres que concluíram a SCM Academy podem ser visualizadas.

## Instituto Mulheres do Imobiliário

Idealizado por mim, Elisa Rosenthal, o **Mulheres do Imobiliário** começou como um grupo feminino, o primeiro do setor, preocupado com a equidade de gênero em toda a cadeia produtiva.

O nosso movimento conta com mais de 1.500 mulheres e atua sobre três pilares: apoio, *networking* e capacitação. Em abril de 2021, lançamos um programa de capacitação com o objetivo de ajudar na formação de mulheres que sofreram impacto em suas carreiras por conta da pandemia, oferecendo bolsa integral ao curso preparatório para corretagem imobiliária com treinamentos e mentorias.

Em 2022, já consolidado como Instituto Mulheres do Imobiliário, atuamos em todo território nacional, com núcleos estratégicos que reúnem as principais executivas, empreendedoras e influenciadoras desse mercado para debater tendências, boas práticas e propor melhorias ao setor.

Ao chegar até aqui, você deve ter percebido que fiz questão de trazer dados que mostrem que, enquanto houver desigualdade entre os gêneros, as mulheres não conseguirão atingir todo o seu potencial, seja no âmbito pessoal, seja no profissional.

Espero que os exemplos de movimentos femininos que trouxe sirvam como inspiração para que você saiba que pode fazer a diferença e para que tenha a certeza de que encontrará apoio na força feminina.

Espero também que, com os exemplos listados anteriormente e com a leitura deste livro, você encontre a motivação para fazer parte desse movimento global pela equidade de gênero dentro e fora das empresas.

# AGRADECIMENTOS

*Aos meus filhos, Cora e Josh, por me tornarem uma mulher que busca deixar um mundo mais gentil e honesto para nós.*

*Aos meus pais, por criarem filhas desbravadoras e questionadoras.*

*Aos que me provocaram, me desafiaram e duvidaram de mim, por me fazerem querer melhorar e provar minhas ideias e convicções.*

Esta obra foi composta por Maquinaria Editorial na família tipográfica FreightText Pro, Tungsten e Raleway. Impresso pela gráfica promove em abril de 2023.